Título: Querida Jane: Historias de Juventud III
© Jane Austen
@ traducción: Teresa Hernández
© diseño de cubierta: Palabras de Agua
Editora: Editorial Palabras de Agua
Corrección y maquetación: Palabras de Agua

Primera Edición: Diciembre 2025

© Editorial Palabras de Agua 2025
palabrasdeaguaeditorial@gmail.com
www.palabrasdeaguaeditorial.com

ISBN: 979-13-88169-13-7
Depósito Legal: M-28073-2025

Impresión: España

QUERIDA JANE

HISTORIAS DE JUVENTUD III

JANE AUSTEN

PALABRAS
DE AGUA
EDITORIAL

EVELYN

La siguiente novela ha sido dedicada con su permiso a la Señorita Mary Lloyd por su obediente y humilde servidora,

Jane Austen, 6 de mayo de 1792

En una zona tranquila de Sussex, hay un pueblo que, si no me equivoco, se llama Evelyn. Es, sin duda, uno de los lugares más bonitos del sur de Inglaterra. Un caballero que pasó por allí a caballo hace unos veinte años, compartió mi opinión, se detuvo frente a la pequeña taberna y preguntó con gran interés si había alguna casa en alquiler en el pueblo.

La tabernera, que como todos en Evelyn era extremadamente amable, movió la cabeza y no quiso responder. El caballero se sintió incómodo y no sabía cómo obtener la información que deseaba. No podía repetir la pregunta que ya había hecho. Se dio la vuelta, visiblemente agitado. «¡En menudo apuro me encuentro!», se dijo a sí mismo mientras se acercaba a la ventana y la abría. Se sintió aliviado por el aire fresco, que notaba mucho más que antes. Pero esta sensación duró poco. La angustia de la duda y la incertidumbre volvieron a invadirlo.

La buena mujer, que había observado en silencio las expresiones de su rostro, y con esa benevolencia que caracteriza a todos los habitantes de Evelyn, le preguntó la causa de su desasosiego.

—¿Hay algo que pueda hacer para aliviar sus penas, señor? Dígame cómo puedo ayudarle, y créame que no le faltará el bálsamo amistoso de la ayuda y el apoyo. Porque sepa, señor, que tengo un alma compasiva.

—Amable mujer —dijo el señor Gower, conmovido hasta las lágrimas por este generoso ofrecimiento—, esta grandeza de corazón de alguien para quien soy casi un desconocido hace que desee aún más una casa en este dulce pueblo. ¡Qué no daría por ser su vecino, por tener el privilegio de su trato y de conocer aún mejor sus virtudes! ¡Oh, con qué placer me formaría con su ejemplo! Dígame, pues, flor entre las mujeres, ¿no existe ninguna posibilidad? Ya sabe lo que quiero.

—Ay, señor —replicó la señora Willis—, no hay ninguna. Debido a su encantadora ubicación y a la pureza de su aire —en el que la miseria, la mala voluntad y el vicio nunca han tenido cabida—, todas las casas de este pueblo están habitadas. Sin embargo —dijo tras una breve pausa—, hay una familia que, aunque está muy arraigada al lugar, posee una generosidad peculiar y quizá estaría dispuesta a cederle su casa.

El señor Gower se aferró a esta posibilidad y, después de obtener la dirección, se dirigió hacia allí de inmediato.

Al acercarse a la casa, se sintió encantado con su ubicación. Estaba en el centro exacto de un prado circular, cercado con una valla y rodeado por una plantación de chopos y tres hileras de abetos plantados en tresbolillo. Un camino de gravilla atravesaba esta hermosa arboleda y, como el resto del prado, no tenía árboles; su superficie era perfectamente lisa y suave, y a su lado pastaban cuatro vacas blancas, dispuestas a igual distancia unas de otras. Todo esto hizo que, cuando el señor Gower entró en el prado, el espectáculo fuera extraordinariamente sorprendente. Un camino de gravilla bellamente circular conducía sin vueltas ni interrupción alguna hasta la casa.

El señor Gower llamó a la puerta, y esta le fue abierta enseguida.

—¿Están el señor y la señora Webb en casa?

—Sí, buen señor, lo están —replicó el criado.

Y precediéndole, condujo al señor Gower hasta un vestidor muy elegante en el piso superior, donde, levantándose de su asiento, una dama le dio la bienvenida con toda la generosidad que la señora Willis había atribuido a la familia.

—Bienvenido, príncipe de los hombres. Bienvenido a esta casa y a todo lo que contiene. William, informe a su señor de la felicidad que siento e invítelo a compartirla conmigo. Traiga un poco de chocolate enseguida, ponga un mantel en el salón y sirva el pastel de venado. Mientras tanto, ofrezca al caballero unos bocadillos y traiga una cesta con fruta. Haga subir unos helados y una sopera. Y no olvide unas gelatinas y unos pasteles.

Y después, volviéndose hacia el señor Gower y sacando su monedero, añadió:

—Acepte esto, mi buen señor. Créame que todo lo que esté en mi mano darle es suyo. Ojalá mi monedero estuviera más lleno, pero el señor Webb arreglará esta deficiencia. Sé que tiene en la casa la suma de cien libras, cantidad que le será entregada de inmediato.

El señor Gower se sintió abrumado por la generosidad de la dama mientras se guardaba el monedero en el bolsillo y, conmovido por un exceso de gratitud, apenas pudo hablar de forma inteligible cuando aceptó las cien libras. El señor Webb entró enseguida en la habitación y repitió todas las muestras de amistad y cordialidad que su dama había hecho antes. El chocolate, los bocadillos, las gelatinas, los pasteles, el helado y la sopa hicieron su aparición. Después de probar un poco de cada cosa y de guardarse el resto en los bolsillos, el señor Gower fue conducido al salón y allí cenó de forma excelente, acompañado de los vinos más exquisitos, mientras el señor y la señora Webb se mantenían de pie a su lado, animándole a comer y a beber un poco más.

—Y ahora, mi buen señor —dijo el señor Webb, una vez que el señor Gower terminó su comida, ¿qué más podemos hacer para contribuir a su felicidad y expresarle el afecto que le profesamos? Díganos qué es lo que más desea y permítanos estarle muy agradecidos por comunicarnos sus deseos.

—Denme entonces su casa y sus tierras. No quiero nada más.

—Son suyas —exclamaron los dos al mismo tiempo—. Desde este momento son suyas.

El asunto quedó zanjado y el señor Gower aceptó el regalo. El señor Webb ordenó el coche y le pidió a William que llamara a las señoritas.

—Príncipe de los hombres —dijo la señora Webb—, no le molestaremos más.

—No se disculpe, querida señora —replicó el señor Gower—, puede usted quedarse media hora más si quiere.

Ambos se mostraron admirados por su cortesía, aunque creyeron que solo agravaba su imperdonable conducta al robarle su tiempo.

Las señoritas entraron en la habitación. La mayor tendría unos diecisiete años, la otra, varios menos. Tan pronto sus ojos se fijaron en la señorita Webb, el señor Gower sintió que, más que la casa, necesitaba otra cosa para ser feliz.

La señora Webb le presentó a su hija:

—Mi amor, este es nuestro querido amigo, el señor Gower. El señor Gower ha sido tan generoso que ha aceptado esta casa como regalo, a pesar de lo pequeña que es, y ha prometido quedarse con ella para siempre.

—Señor —dijo la señorita Webb—, permítame que le agradezca muchísimo su amabilidad, que es aún más halagadora teniendo en cuenta lo poco que ha estado con mis padres.

El señor Gower inclinó la cabeza.

—Es usted demasiado generosa, señora. Le aseguro que la casa me gusta muchísimo, y si sus padres completaran su generosidad ofreciéndome a su hija mayor en matrimonio con una buena dote, no habría nada más en el mundo que quisiera.

Este cumplido hizo que las mejillas de la encantadora señorita Webb se enrojecieran, y pareció buscar la aprobación de sus padres. Ellos se miraron entre sí encantados. Finalmente, la señora Webb rompió el silencio, diciendo:

—El peso de nuestra deuda con usted es tan grande que nunca podremos compensarlo. Tome a nuestra niña, tome a nuestra María. En ella recae esa difícil tarea: devolverle de alguna manera todo el bien que nos ha hecho.

El señor Webb añadió:

—Su fortuna es de solo diez mil libras, una suma muy pequeña.

La generosidad del señor Gower restó inmediatamente importancia a esta objeción y se declaró satisfecho con la suma mencionada. El señor y la señora Webb, junto con su hija pequeña, se marcharon entonces, y el compromiso de la hija mayor y del señor Gower se celebró al día siguiente.

Este amable hombre se sintió completamente feliz. Estaba casado con una mujer encantadora y digna de todos los elogios, tenía una gran fortuna, una casa elegante en el pueblo de Evelyn, y podía cultivar su relación con la señora Willis. ¿Podía pedir más?

Durante varios meses pensó que no, hasta que un día, mientras paseaba por el arboleda con María del brazo, vieron una rosa caída en la gravilla. Había caído de un rosal que, junto con otros tres, había sido plantado por el señor Webb para dar una agradable variedad al paseo. Estos cuatro rosales también servían para marcar los límites de la arboleda, y así el viajero siempre podía saber cuánto había avanzado por el prado. María se agachó para recoger la bella flor y, con su habitual generosidad, se la ofreció a su esposo.

—Mi querido Frederic —dijo—, te ruego que aceptes esta encantadora rosa.

—¡Rosa! —exclamó el señor Gower—. ¡Oh, María, no sabes lo que ese nombre me ha recordado! ¡Ay, mi pobre hermana, cómo te he abandonado!

Lo cierto es que el señor Gower era el único hijo de una familia muy numerosa, de la cual la señorita Rosa Gower era la decimotercera hija. Esta señorita, cuyos méritos merecían un destino mejor que el que había tenido, era la favorita de todos. La palidez de su piel y el brillo de sus ojos la hacían merecedora de ese afecto. Otra circunstancia contribuía al amor que todos le profesaban: tenía una de las melenas más bonitas del mundo.

Pocos meses antes de la boda de su hermano, el corazón de esta se había enamorado de las atenciones y encantos de un joven, cuya elevada posición social y expectativas parecían anticipar objeciones por parte de su familia, que no vería bien una unión que haría muy felices a los directamente implicados. El joven hizo proposiciones y su padre puso objeciones. Se le pidió que abandonara Carlisle —donde se encontraba con su adorada Rosa— y que regresara a la casa familiar de Sussex. El joven se vio obligado a obedecer y, cuando el padre, tras una conversación con él, descubrió lo decidido que estaba a no casarse con ninguna otra mujer, lo envió a pasar dos semanas a la Isla de Wight, al cuidado de la familia Chaplin, con la esperanza de que el tiempo y la estancia en un país extranjero doblegaran su determinación.

Así, se prepararon para un largo adiós a Inglaterra. Al joven noble no se le permitió ver a su Rosa. El barco zarpó, y después se levantó una tormenta más poderosa que todas las artes de los marineros. La nave naufragó en la costa de Calshot y todas las almas a bordo perecieron.

La noticia del triste acontecimiento pronto llegó a Carlisle, y la bella Rosa la recibió con un dolor que sobrepasa las palabras. Su aflicción se vería aliviada si conseguía un retrato de su desventurado amante, por lo que su hermano emprendió un viaje a Sussex con la esperanza de que el severo, pero también afligido, padre no rechazara su petición.

Cuando llegó a Evelyn, no se encontraba a muchas millas del Castillo de..., pero los felices sucesos que le habían acontecido en aquel lugar le habían hecho olvidar completamente el objetivo de su viaje y a su hermana por un tiempo. El pequeño incidente de la rosa le devolvió de repente la memoria y le hizo arrepentirse amargamente de su descuido. Volviendo a la casa inmediatamente, y agitado por la pena, la aprensión y la vergüenza, le escribió a Rosa la siguiente carta:

Evelyn, 14 de julio
Mi queridísima hermana:
Ya que salí de Carlisle hace cuatro meses y no te he escrito en todo este tiempo, tal vez me acuses injustamente de olvido y abandono. ¡Ay! Me ruborizo al pensar que tu acusación es cierta.
Sin embargo, si aún vives, no pienses tan mal de mí, ya que ni por un solo momento podría olvidar la situación de mi Rosa. Créeme que no voy a olvidarte ni un minuto más y que me dirigiré tan pronto como pueda al Castillo de... si tu respuesta me confirma que todavía estás viva.
María se une a mis mejores deseos para ti.
Con cariño,

F. GOWER

El señor Gower esperó ansiosamente una respuesta a su carta, que llegó tan pronto como la gran distancia que lo separaba de Carlisle lo permitió. Pero, ay, no era de Rosa.

Carlisle, 17 de julio
Querido hermano:
Mi madre se ha tomado la libertad de abrir tu carta a la pobre Rosa, ya que lleva muerta seis semanas. Tu larga ausencia y tu continuo silencio nos causaron a todos un gran disgusto y aceleraron su camino a la tumba. No hace falta, por tanto, que hagas el viaje al Castillo de...
No nos informas de dónde has estado desde que dejaste Carlisle, ni nos das ninguna razón de tu triste ausencia, lo que nos causa cierta sorpresa. Todos nos sumamos a enviar nuestros respetos a María, y te rogamos que nos digas quién es.
Tu afectuosa hermana,

M. GOWER

Esta carta —por la cual el señor Gower se vio obligado a atribuir a su conducta la muerte de su hermana— fue un golpe tan violento para sus sentimientos que, a pesar de vivir en Evelyn, donde apenas se había oído hablar de una cosa como la enfermedad, tuvo un ataque de gota que lo confinó en su habitación. Esto le dio a María la oportunidad de brillar en el papel favorito de Sir Charles Grandison: el de enfermera.

Ninguna mujer fue nunca más amable que María en tales circunstancias y, gracias a sus constantes atenciones, tuvo el placer de ver cómo su esposo recuperaba poco a poco el uso de sus pies. Una bendita facultad que no había perdido, pues pronto se encontró en condiciones de salir de la casa, montar a caballo y cabalgar hasta el Castillo de... Su deseo era saber si Su Señoría, ablandado por la muerte de su hijo, consentiría la unión de este y Rosa de estar ellos vivos. La amable María lo siguió con los ojos hasta perderlo de vista y, hundiéndose en un sillón abrumada por la pena, se dio cuenta de que, en ausencia de su esposo, no podía disfrutar de ninguna paz.

El señor Gower llegó al castillo ya muy de noche. Estaba situado en un lugar alto y boscoso, desde el que se veía una hermosa vista del mar. Al señor Gower no le molestó la ubicación, aunque, por supuesto, estaba muy por debajo de la de su propia casa. Había una irregularidad en el terreno y una gran cantidad de árboles viejos que le pareció poco apropiada para el estilo del castillo. Pensó que, para obtener un contraste deseable, la antigüedad del edificio necesitaba un prado como el de la casa de Evelyn, algo que realzaría su estructura. El aspecto lúgubre del viejo castillo, que parecía echarse encima a medida que se acercaba por el camino serpenteante, le produjo terror. No se sintió a salvo hasta que no se encontró en el salón del edificio, donde la familia estaba reunida para el té.

El señor Gower era un completo desconocido para todos los miembros de aquel grupo; no obstante, y aunque le daba miedo la oscuridad y se asustaba con facilidad cuando se encontraba solo, encontró el valor necesario para entrar sin sonrojarse en un círculo de posición social más elevada, formado por personas a las que no había visto nunca antes, y tomar asiento entre ellas con perfecta indiferencia.

El nombre de Gower no era desconocido para Lord..., que se sintió sorprendido y perturbado. Sin embargo, se levantó y recibió al señor Gower con la corrección propia de un hombre bien educado. Lady..., que sentía un dolor más profundo por la pérdida de su hijo que el que el corazón más endurecido de Lord... podía mostrar, apenas pudo mantenerse erguida en el asiento cuando supo que el hombre que tenía ante sí era el hermano de la Rosa de su llorado Henry.

—Señor —dijo el señor Gower, tan pronto se sentó—, quizás le sorprenda la visita de un hombre a quien no esperaba ver de ninguna manera. Mi hermana, mi desdichada hermana, es la verdadera causa de que perturbe su casa de esta forma. La infortunada niña ha dejado de existir, y si no por ella, que ya no siente ni padece, sí por la satisfacción de su familia, me gustaría saber si la muerte de esta desdichada pareja ha conmovido su corazón de tal forma que daría su consentimiento a este matrimonio —un consentimiento que no dio en circunstancias más felices— de estar ellos vivos.

Lord... parecía perdido; Lady... no pudo soportar la mención de su hijo y salió de la habitación llorando a lágrima viva; el resto de la familia permaneció en atento silencio, casi convencidos de que el señor Gower estaba loco.

—Señor Gower —replicó Lord...—, ha hecho usted una pregunta muy extraña. Me parece que está usted suponiendo una imposibilidad. Nadie puede lamentar más sinceramente que yo la muerte de mi hijo, y me duele mucho saber que la de la señorita Gower se ha acelerado a causa de la suya. Sin embargo, suponerlos vivos significaría destruir de inmediato el motivo que me haría cambiar de sentimientos con relación al asunto.

—Señor —dijo el señor Gower, furioso—, veo que es usted un hombre completamente inflexible y que ni siquiera la muerte de su hijo puede hacerle desear la futura felicidad de este. No le robaré más tiempo. Veo claramente que es usted un hombre vil. Y ahora, tengo el honor de desearles a todos los señores y a todas las señoras muy buenas noches.

Y dicho esto, abandonó inmediatamente la habitación, olvidando en su ataque de rabia lo tarde que era —algo que en otro momento le hubiera hecho temblar— y dejando a los presentes unánimemente convencidos de que estaba loco. Una vez hubo montado a caballo y traspasado las grandes verjas del castillo, el señor Gower sintió un temblor colosal en toda su estructura ósea.

Si consideramos su situación detenidamente —solo, a caballo, tan avanzado el año como en el mes de agosto, tan avanzada la hora como a las nueve de la noche, sin luz que le guiara salvo la de una luna casi llena y un cielo lleno de estrellas que le atemorizaban con su titilar—, ¿quién podría no sentir piedad por él? Ninguna casa a menos de un cuarto de milla y un lúgubre castillo, oscurecido por la profunda sombra de nogales y pinos, a su espalda. El señor Gower sintió que casi enloquecía de miedo y, cerrando los ojos para no ver ni gitanos ni fantasmas, cabalgó a galope tendido de esta guisa hasta que llegó al pueblo.

Cuando se encontró de regreso en su casa, llamó a la campana de la puerta, pero nadie salió a recibirle. Llamó una segunda vez, pero la puerta no se abrió. Llamó una tercera y una cuarta con el mismo poco éxito, cuando, al ver que la ventana del comedor estaba abierta, saltó por ella al interior de la casa, abriéndose paso hasta el vestidor de María, donde encontró a todos los criados tomando el té. Sorprendido ante una visión tan inusitada, se desmayó. Al recobrarse, se encontró tendido en el sofá, la doncella de su esposa arrodillada junto a él, humedeciéndole las sienes con agua de Hungría. Por ella supo que su adorada María se había sentido tan desconsolada por su partida que había muerto de corazón roto unas tres horas después de esta.

El señor Gower se recompuso lo suficiente para dar las órdenes necesarias para su funeral, el cual se celebró el lunes siguiente, siendo aquel día sábado. Una vez que hubo establecido el orden que debía seguir la procesión, partió hacia Carlisle para llorar su tristeza al lado de su familia. El señor

Gower llegó a este lugar en buen estado de salud y de ánimo, después de un viaje delicioso de 3 días y medio. ¿Cuál no sería su sorpresa cuando, al entrar en el salón del desayuno, vio a Rosa, a su adorada Rosa, sentada en un sofá? Al verlo, Rosa se desmayó y se habría caído al suelo si un caballero que estaba sentado de espaldas a la puerta no se hubiera levantado y prevenido la caída. Rosa se recuperó pronto y le presentó a este caballero a su hermano como su esposo, un tal señor Davenport.

—Pero, mi querida Rosa —dijo el sorprendido Gower—, pensaba que estabas muerta y enterrada.

—Bueno, mi querido Frederik —replicó Rosa—, eso era lo que quería que pensaras. Actué así con la esperanza de que propagarías la noticia por todo el país y de que esta acabaría por llegar al Castillo de..., con lo cual confiaba en ablandar de algún modo los corazones de sus habitantes. No fue hasta anteayer cuando escuché la noticia de la muerte de mi adorado Henry, que recibí del señor Davenport y a la que puso fin ofreciéndome su mano. Yo la acepté, en un arrebato de emoción, y me casé ayer.

El señor Gower abrazó a su hermana y estrechó la mano del señor Davenport. Luego, se fue a dar un paseo por la ciudad. Al pasar por una taberna, se detuvo en ella y pidió una jarra de cerveza, que le fue traída inmediatamente por su vieja amiga la señora Willis.

Grande fue su asombro al ver a la señora Willis en Carlisle. No obstante, sin olvidarse del respeto que le debía, puso una rodilla en tierra y recibió de sus manos la espumosa jarra, que le pareció más agradable que el néctar. Inmediatamente después, el señor Gower le ofreció su mano y su corazón, los cuales ella condescendió en aceptar, diciéndole que solo había ido a la ciudad a visitar a su primo, que era el dueño de El áncora, y que estaba lista para regresar a Evelyn en el momento que él quisiera.

Al día siguiente se casaron e inmediatamente después se pusieron en camino hacia Evelyn. Cuando llegaron a la casa, el señor Gower se acordó de que no había escrito al señor y a la señora Webb para informarles sobre la muerte de su hija, de la cual pensó correctamente que no sabían nada, ya que nunca compraban periódicos.

El señor Gower despachó enseguida la siguiente carta.

Evelyn, 19 de agosto de 1809
Queridísima señora:
No hay palabras para expresar el dolor de mis senti-
mientos. Nuestra María, nuestra adorada María, ya
no está con nosotros. Dio su último suspiro el sábado,
12 de agosto.
Puedo imaginarlos en una agonía de dolor, lamen-
tando no su pérdida, sino la mía. Tranquilícense, soy
feliz. Con mi encantadora Sarah a mi lado, ¿qué más
podría desear?
Respetuosamente,

F. GOWER

Bloque Westgate, 22 de agosto
Generoso príncipe de los hombres:
¡Cuánto nos alegramos al saber de su bienestar y feli-
cidad! ¡Y cuán agradecidos nos sentimos por su incom-
parable generosidad al escribir para darnos el pésame
por el desdichado accidente que sufrió nuestra María!

Adjunto le envío un cheque de nuestro banco por valor de 30 libras, que el señor Webb y yo le rogamos que acepten usted y la amable Sarah.
Su agradecidísima,

ANNE AUGUSTA WEBB

El señor y la señora Gower vivieron muchos años en Evelyn, disfrutando de una felicidad perfecta, justa recompensa a sus virtudes. La única alteración que se produjo en el pueblo fue que el señor y la señora Davenport se instalaron en la antigua casa de la señora Willis y fueron, durante muchos años, los dueños de la Taberna del Caballo Blanco.

FIN

CATHARINE, O EL CENADOR

A la Señorita Austen

Estimada señorita:
Animada por el cálido apoyo que le dio a «La Bella Cassandra» y a «La Historia de Inglaterra», que con su generosa ayuda están ahora en todas las bibliotecas del país y van por la tercera edición, me tomo la libertad de rogarle que se tome las mismas molestias por la siguiente novela. Me atrevo a decir que la encontrará más valiosa que cualquier otra publicada hasta ahora o que se publique en el futuro, salvo aquellas que puedan nacer de la pluma de su agradecida y humilde servidora,

La Autora
Steventon, Agosto de 1792

Como muchas heroínas antes que ella, Catharine tuvo la desgracia de perder a sus padres siendo muy joven y de ser educada bajo la tutela de una tía soltera. Su tía la quería mucho, pero era tan severa con ella que muchos, incluida Catharine, no sabían muy bien si la quería o no.

Debido a su celo exagerado, a menudo se veía privada de cosas agradables: la obligaban a rechazar un baile porque un oficial en particular estaría allí, o a bailar con alguien del gusto de su tía en lugar de con su propia elección. Pero Catharine tenía buen carácter, no se deprimía fácilmente y poseía una alegría y buen humor que solo se agotaban por una causa muy grave.

Además de estos antídotos contra la decepción, y la fuerza interior que los sustentaba, Catharine contaba con otro, que le aliviaba constantemente las tristezas. Se trataba de un bonito y sombrío cenador, que ella misma había construido en su infancia con la ayuda de dos amigas. Siempre que algo la perturbaba, Catharine iba a este cenador, que se encontraba al final de un paseo muy agradable y apartado en el jardín de su tía. El cenador tenía un enorme poder sobre ella, capaz de tranquilizar sus pensamientos y de calmar su espíritu. Quizás la soledad y la reflexión en su dormitorio habrían tenido el mismo efecto, pero la costumbre había reforzado tanto la idea que su fantasía le había sugerido primero, que Kitty nunca pensaba en esa posibilidad, convencida de que su cenador podía, por sí mismo, devolverla a su ser.

Kitty tenía una gran imaginación y se entusiasmaba con la amistad y con lo que su fantasía le dictaba. Este cenador tan querido era el resultado de su trabajo y del de dos simpáticas niñas, por quienes, desde su infancia, había sentido un cariño muy tierno. Eran las hijas de un párroco del pueblo, con cuya familia su tía había mantenido una relación muy estrecha mientras él vivió allí, y las niñas, aunque vivían separadas la mayor parte del año por su diferente educación, siempre estaban juntas durante las vacaciones. El cenador se había construido en aquellos días felices de la infancia, que Kitty añoraba tanto, y ahora que estaba separada de sus queridas amigas, quizás para siempre, le traía a la memoria, más que ningún otro lugar, los tiernos y melancólicos recuerdos de las horas agradables que había pasado con ellas. ¡Recuerdos tan tristes y alegres a la vez!

Habían pasado dos años desde la muerte del señor Wynne y de la consiguiente dispersión de los miembros de su familia, que había quedado en una situación de gran pobreza. Ahora dependían, casi por completo, de unos parientes que, aunque muy ricos y estrechamente relacionados con ellos, se habían mostrado muy reacios a ayudarlos. Por suerte, la señora Wynne se había ahorrado el sufrimiento de conocer la difícil situación de sus hijas, ya que murió de una dolorosa enfermedad pocos meses antes del fallecimiento de su marido.

La hija mayor se había visto obligada a aceptar el ofrecimiento de uno de sus primos de enviarla a la India, y, aunque era lo que más lejos estaba de sus deseos, tuvo que aceptar esa única posibilidad de sobrevivir. Y, sin embargo, era tan opuesta a todas sus ideas sobre lo correcto, tan contraria a sus deseos, tan repugnante a sus sentimientos, que, de haber tenido la posibilidad de elegir, habría preferido la esclavitud. Sus encantos personales le consiguieron un esposo tan pronto como llegó a Bengala, y ahora llevaba casada un año; espléndida pero tristemente casada. Estaba unida a un hombre que le doblaba la edad, de carácter poco amable y modales groseros, aunque se le consideraba una persona respetable. Kitty había tenido noticias de su amiga dos veces desde su matrimonio, pero sus cartas eran siempre tristes y, aunque nunca expresaba abiertamente sus sentimientos, cada línea demostraba que era infeliz.

No hablaba con placer de nada, salvo de las diversiones que habían compartido y que nunca más volverían, y su única felicidad consistía en la idea de regresar a Inglaterra.

Su hermana había sido acogida por otra pariente, la viuda de Lord Halifax, como acompañante de sus hijas, y había viajado a Escocia más o menos al mismo tiempo que Cecilia se iba de Inglaterra. Por tanto, Kitty tenía noticias más frecuentes de Mary, aunque las cartas de esta no eran mucho más tranquilizadoras. Sin duda, no había en ellas esa desesperanza absoluta sobre su situación, propia del tono de las de su hermana. No estaba casada y al menos podía pensar en un cambio en su situación, pero en aquel momento vivía sin una perspectiva de cambio inmediato, y lo hacía en el seno de una familia en la que, a pesar de que todos sus miembros eran parientes suyos, no tenía un solo amigo. Solía escribir en un tono deprimido, al que la separación de su hermana y su matrimonio habían contribuido en gran medida.

Apartada de las dos personas que más amaba en la Tierra, y con el cariño que sentía por Cecilia y por Mary aún más agudizado por su pérdida, todo lo que le recordaba a ellas era doblemente querido, y los arbustos que habían plantado y los regalos que se habían hecho eran ahora sagrados.

La casa de Chetwynde ahora pertenecía a un tal señor Dudley, cuya familia, al contrario de la de los Wynne, solo era una fuente de irritación para la señora Percival y su sobrina. El señor Dudley, que era el hijo menor de una familia muy aristocrática, más conocida por su orgullo que por su riqueza, firme defensora de su dignidad y celosa de sus derechos, se pasaba el día discutiendo, si no con la misma señora Percival, sí con su administrador y sus arrendatarios sobre diezmos, y con el resto de sus principales vecinos sobre las muestras de respeto que, según él, le debían.

Su esposa, una mujer inculta y maleducada que pertenecía a una familia de rancio abolengo, estaba orgullosa de su familia casi sin saber por qué y, como su marido, era altanera y discutía sin razón. Su única hija, que había heredado la ignorancia, la insolencia y el orgullo de sus padres, tenía una belleza por la que mostraba una vanidad ridícula. La consideraban una criatura irresistible y la educaban como a la persona que les devolvería, a través de un matrimonio espléndido, la dignidad de su situación ahora disminuida, una situación que, por ejemplo, obligaba al señor Dudley a vivir en el campo. Los Dudley despreciaban a los Percival por ser una familia de rango inferior y al mismo tiempo los envidiaban por su fortuna; sentían celos al ver cómo la gente les respetaba más que a ellos y, mientras pretendían tratarlos como a gente insignificante, se esforzaban por rebajar la opinión que tenían de ellos en el vecindario, por medio de comentarios falsos y maliciosos.

Y esta familia era la que, erróneamente, debía consolar a Kitty por la pérdida de los Wynne, o llenar con su charla esas horas a veces tediosas que, en una situación de aislamiento como la suya, podían hacer deseable una compañía.

Su tía no la apreciaba en exceso, y pobre de ella si alguna vez la encontraba de mal humor. Sin embargo, vivía siempre tan preocupada con la idea de que cometiera una imprudencia en su matrimonio, si es que tenía la oportunidad de elegir, y estaba tan descontenta con el comportamiento de su sobrina cuando la veía con jóvenes, ya que por naturaleza era muy abierta y poco reservada, que aunque a menudo deseaba, por el bien de su sobrina, que el vecindario fuera más grande, y que ella se hubiera acostumbrado a tener más relación con él, la idea de que había hombres jóvenes en casi todas las familias que lo componían acababa por apagar sus deseos. Los mismos temores que evitaban que la señora Percival participara demasiado en la vida social de sus vecinos la llevaban a reducir sus propias invitaciones. Por esta razón, rechazaba una y otra vez el intento anual de unos parientes lejanos de visitarla en Chetwynde, ya que había un joven en esta familia del que había oído muchas cualidades alarmantes. No obstante, este joven estaba ahora de viaje, y los repetidos ruegos de Kitty, unidos a la conciencia de haber rechazado con excesiva poca ceremonia las frecuentes proposiciones de la familia y al verdadero deseo que tenía de verlos, la convencieron del gran placer que supondría su visita durante el verano.

El señor y la señora Stanley fueron invitados a la casa, y Catharine, con esa ansiada visita por delante que inevitablemente aliviaría la dureza de estar todo el tiempo con su tía, estaba tan contenta y animada que en los tres o cuatro días previos a su llegada, apenas pudo concentrarse en nada. La señora Percival siempre se sentía decepcionada con esto y se quejaba de la falta de firmeza y perseverancia de Catharine en sus ocupaciones, que no eran para nada del gusto de Kitty, ni probablemente lo serían para ninguna persona joven. Además, la aburrida conversación de su tía y la falta de una compañía agradable hacían que su deseo de cambio fuera aún mayor, porque Kitty se cansaba mucho antes de leer, trabajar, dibujar o de las charlas de la señora Percival, que de estar en su cenador, adonde la señora Percival nunca la acompañaba por miedo a la humedad.

Como la tía de Kitty se enorgullecía de la perfecta propiedad y corrección con la que se hacía todo en su familia, y no conocía otra satisfacción que la de saber que su casa estaba siempre en completo orden —ya que su fortuna era considerable y contaba con un servicio numeroso—, pocos fueron los preparativos que tuvo que hacer para recibir a sus visitantes.

El día tan esperado por fin llegó, y el ruido que hizo el coche de cuatro caballos al girar por el camino que conducía a la entrada fue para Catharine un sonido más atractivo que el de la música de una ópera italiana, que para muchas heroínas es lo más de lo más.

El señor y la señora Stanley eran personas de gran fortuna y elegancia. Él era miembro de la Cámara de los Comunes, por lo tanto tenían que vivir la mitad del año en la ciudad, lo que les proporcionaba un enorme placer. Allí la señorita Stanley había sido educada por los maestros más importantes desde los seis años hasta la última primavera; doce años durante los cuales se había dedicado a adquirir las perfecciones que ahora debía poner en práctica y que en pocos años olvidaría por completo. La señorita Stanley era elegante, bastante guapa y, por supuesto, no le faltaba talento. Sin embargo, los años que debería haber empleado en adquirir conocimientos útiles y en desarrollar su inteligencia habían transcurrido entre el dibujo, el italiano y la música, más especialmente en esta última, y ahora, además de estas perfecciones, su conocimiento era pobre por falta de lecturas y su inteligencia carecía totalmente de gusto o de criterio. Tenía un temperamento bueno por naturaleza, pero al ser tan poco reflexiva, carecía de paciencia para afrontar decepciones y era incapaz de sacrificar sus deseos por el bienestar de otros. Toda su atención se concentraba en la elegancia de su aspecto, en el buen gusto de su vestido y en la admiración que quería que estos despertasen en los demás. Decía que le gustaban los libros sin leer, le gustaba la conversación animada pero no tenía ingenio, y se creía graciosa sin serlo.

Así era Camilla Stanley. Y Catharine, que se había hecho ilusiones con su llegada y que, debido a su aislamiento, estaba dispuesta a apreciar a cualquiera, aunque su inteligencia y su criterio no podían satisfacerse con facilidad, se convenció, desde el momento en que la vio, de que la señorita Stanley sería la compañera que necesitaba, y que de alguna forma llenaría el vacío dejado por la pérdida de Cecilia y de Mary Wynne.

Por lo tanto, Catharine se sintió unida a Camilla desde el día de su llegada, y como eran las dos únicas personas jóvenes de la casa, se convirtieron en compañeras inseparables. Aunque quizás sus lecturas no eran muy profundas, Kitty era una gran lectora y, naturalmente, se sintió encantada al comprobar que la señorita Stanley también era muy aficionada a los libros. Feliz al saber que ambas compartían los mismos sentimientos hacia estos, empezó a interrogar a su nueva amiga sobre sus preferencias y, aunque ella conocía bien la historia moderna, prefirió empezar por libros más ligeros, de esos que todo el mundo conoce y admira.

—Supongo que habrá leído las novelas de la señora Smith —le dijo a su compañera.

—¡Oh, sí, me encantan! Son las más deliciosas del mundo.

—¿Y cuál prefiere?

—¡Oh, querida, creo que no hay punto de comparación entre ellas! Emmeline es muchísimo mejor que las demás.

—Sí, mucha gente lo cree, pero no sé por qué tiene más mérito. ¿Cree que está mejor escrita?

—¡Oh! Yo no entiendo nada de eso, pero sí puedo decirle que es mejor en todo. Además, ¡Ethelinde es tan larga!

—Esa es la objeción más común que se le hace —dijo Kitty—, pero en mi caso, si un libro está bien escrito, siempre se me hace demasiado corto.

—A mí también, lo único es que me canso antes de acabarlo.

—Pero ¿no le pareció interesante la historia de Ethelinde? ¿Y las descripciones de Grasmere no le parecieron preciosas?

—¡Oh, me las salté todas! ¡Tenía tantas ganas de saber lo que pasaba al final! —Luego, tras una pequeña pausa, añadió—: Este otoño vamos a ir a los Lagos. Estoy loca de alegría. Sir Henry Devereux ha prometido acompañarnos, y eso lo hará tan agradable, ¿sabe?

—Seguro que sí, aunque me parece una lástima que Sir Henry no reserve su poder de agradar para una ocasión más necesaria. Pero le envidio esa expectativa.

—¡Oh, estoy encantada con la idea! No puedo pensar en otra cosa. Le aseguro que no he hecho otra cosa durante este último mes que pensar en los vestidos que debo llevar. Al final, he decidido llevar muy pocos, aparte de mi vestido de viaje, y le aconsejo que cuando vaya haga lo mismo. Mi idea es encargar algunas cosas para la ocasión, si es que vamos a las carreras y hacemos una parada en Matlock o en Scarborough.

—¿Entonces piensan ir a Yorkshire?

—No creo. La verdad es que no tengo ni idea de la ruta, porque nunca me molesto mucho con esas cosas. Lo único que sé es que vamos de Derbyshire a Matlock y a Scarborough, pero adónde vamos primero, no lo sé ni me importa. Tengo la esperanza de encontrarme con unas amigas íntimas en Scarborough. En su última carta, Augusta me dijo que Sir Peter hablaba de ir, pero, en fin, ya ve lo improbable que suena. No puedo soportar a Sir Peter, es una criatura horrible.

—¡Ah! ¿Sí? —dijo Kitty, sin saber qué otra cosa podía decir.

—¡Oh, es espantoso!

En este punto, la conversación se interrumpió y Kitty se quedó en un estado de dolorosa ansiedad, sin conocer los detalles del carácter de Sir Peter. Solo sabía que era horrible y espantoso, pero por qué y en relación con qué eran cosas que tenía que averiguar. Apenas sabía qué pensar sobre su nueva amiga. Si había entendido bien, parecía no tener ni idea de la geografía inglesa y carecía de gusto y de conocimientos. Sin embargo, Kitty no quería precipitarse en su opinión. Por una parte, quería ser justa con la señorita Stanley y, por otra, no quería que esta la decepcionara. Por lo tanto, decidió no emitir ningún juicio en un tiempo.

Después de la cena, la conversación giró en torno a la política mundial. La señora Percival, que sostenía firmemente la opinión de que la humanidad en general vivía en un proceso de degeneración, dijo que, por su parte, todas las cosas en las que creía estaban desapareciendo o yéndose a la ruina, que el orden había desaparecido de la faz de la Tierra, que, según había oído, la Cámara de los Comunes no se disolvía a veces hasta las cinco de la mañana, y que la depravación nunca había sido tan general. Concluyó expresando su deseo de vivir lo suficiente para ver restaurados los modales del reinado de la Reina Isabel.

—Bueno, señora —dijo su sobrina—, pero confío en que no quiera restaurar a la Reina Isabel misma.

—La Reina Isabel —dijo la señora Stanley, que nunca se arriesgaba a hacer un comentario sobre Historia si no estaba bien fundado— vivió muchos años y fue una mujer muy lista.

—Es verdad, señora —dijo Kitty—, pero, en mi opinión, ninguna de esas circunstancias es meritoria en sí misma y están muy lejos de hacerme desear su regreso, porque, si volviera otra vez, con su mismo talento y su misma buena constitución, podría hacer el mismo daño y durante el mismo largo período de tiempo que la vez anterior.

Y, volviéndose hacia Camilla, que había estado muy callada durante un tiempo, añadió:

—¿Qué piensa sobre Isabel, señorita Stanley?

—No sé nada de política, ni soporto que la mencionen.

Kitty se quedó muy sorprendida ante este enérgico rechazo, pero no dijo nada, convencida de que la señorita Stanley era ignorante porque el tema la superaba. Confundida por su opinión sobre su nueva amiga, se retiró a su habitación, con el temor de que esta no se parecía en nada a Cecilia ni a Mary.

A la mañana siguiente, al levantarse, se confirmó aún más en esta idea, que no hizo sino aumentar día a día. No encontraba ninguna variedad en su conversación, la única información que recibía de ella era sobre la moda, y la única diversión que le proporcionaba eran sus interpretaciones al clavicordio. Después de repetidos intentos de verla como el objeto de sus deseos, se vio obligada a renunciar, considerándolos inútiles.

Ocasionalmente, había encontrado algo parecido al sentido del humor en Camilla, algo que había hecho despertar sus esperanzas, la idea de que quizá podía tener cierto ingenio, aunque no fuese demasiado marcado; pero estas chispas de ingenio eran tan escasas y se apoyaban en una estructura tan débil, que llegó a convencerse de que eran un simple accidente.

Todos sus conocimientos se agotaron en pocos días, y cuando Kitty aprendió de ella lo grande que era su casa en la ciudad, las fechas en que daban comienzo las diversiones de moda, quiénes eran las bellezas más famosas y quién el mejor sombrerero, Camilla no tuvo nada más sobre lo que instruirla, excepto sobre las personalidades de sus conocidos cuando aparecían en la conversación; algo que hacía con tanta facilidad como brevedad, diciendo que la persona en cuestión era la criatura más dulce del mundo y alguien a quien adoraba con pasión, o terrible, espantosa y nadie con la que una debiera ser vista en público.

Como Catharine deseaba obtener cualquier tipo de información sobre los miembros de la familia Halifax, y como pensó que la señorita Stanley debía conocerla —ya que daba la impresión de conocer a todas las familias importantes—, aprovechó que un día Camilla se dedicaba a enumerar a todas las personas de abolengo que su madre visitaba para preguntarle si Lady Halifax se encontraba entre ellas.

—¡Oh, gracias por recordármela! Es una de las mujeres más dulces del mundo y una de nuestras relaciones más íntimas. Creo que no hay un solo día, de los seis meses que pasamos en la ciudad, en el que no nos veamos. Y me escribo con todas las niñas.

—¿Es una familia agradable? —dijo Kitty—. Realmente debe de serlo, para que los vea con tanta frecuencia. Me imagino que si no, no tendrían mucho de qué hablar.

—¡Oh, querida, nada de eso! —dijo la señorita Stanley—. A veces no nos hablamos en un mes entero. A lo mejor no nos encontramos más que en público, y ya sabe cómo son esas cosas, a veces se está demasiado lejos. Pero, en esas ocasiones, siempre nos saludamos con la cabeza y nos sonreímos.

—Sí, que es más o menos lo mismo. Pero lo que quería preguntarle es si alguna vez ha visto a la señorita Wynne con ellos.

—Sé perfectamente a quién se refiere. Lleva un sombrero azul. La he visto muchas veces en la calle Brook, en los bailes de Lady Halifax. Da uno al mes durante el invierno. Fíjese en lo generosa que fue, al hacerse cargo de la señorita Wynne, porque sabrá que es una pariente muy lejana, y tan pobre que la señorita Halifax me dijo que su madre tuvo que comprarle ropa. ¿No le parece una vergüenza?

—¿Que fuera tan pobre? Sí, realmente es una vergüenza teniendo la familia unas relaciones tan ricas.

—¡Oh, no! Lo que quiero decir es que me parece una vergüenza que el señor Wynne dejara a sus hijos en una situación tan lamentable, cuando lo cierto es que tenía la casa de Chetwynde, dos o tres curatos y solo cuatro hijos de los que ocuparse. Me pregunto qué hubiera hecho de tener diez, como mucha gente tiene.

—Les hubiera dado una buena educación y los hubiera dejado en la misma situación de pobreza.

—En cualquier caso, creo que nunca hubo una familia con más suerte. Debe saber que Sir George Fitzgibbon envió a la mayor a la India, pagando todos los gastos, donde parece ser que se casó con un noble y ahora es la criatura más feliz del mundo. Luego, ya sabe que Lady Halifax se ha hecho cargo de la menor y la trata como si fuera su hija. Por supuesto, no la lleva con ella cuando sale de noche, pero siempre está allí cuando da bailes, y nadie es más amable con ella que Lady Halifax. Creo que quería haberla llevado a Cheltenham el año pasado, pero no había suficientes habitaciones. Así que no creo que se pueda quejar de nada. Y luego están los dos hijos. El obispo de... consiguió que uno de ellos ingresara en la Armada, como teniente, supongo; y el otro es enormemente afortunado, porque, según tengo entendido, alguien va a costear sus estudios en un internado en Gales. ¿Conoció a esta familia cuando vivía aquí?

—Mucho. Nos veíamos tanto como su familia a los Halifax en la ciudad, pero pocas veces teníamos dificultades para estar cerca y hablar, y rara vez nos separábamos después de dedicarnos una mera reverencia y una sonrisa. Era una familia realmente encantadora, y creo que hay pocas como ella en el mundo. Los vecinos que ahora tenemos están bastante por debajo de ellos.

—¡Oh, qué gente tan horrible! Me pregunto cómo puede soportarlos.

—¿Y qué quiere que haga?

—Si yo estuviera en su lugar, me pasaría el día insultándolos.

—También yo haría lo mismo, pero eso no sirve de nada.

—En cualquier caso, tengo que decir que es bastante desgracia tener que sufrirlos. Me gustaría que, uno de estos días, mi padre los hiciera picadillo. ¡Qué familia tan abominablemente orgullosa! Y me atrevería a decir que no tienen motivos.

—La verdad es que si alguien los tiene, ese alguien son ellos. Porque sabrá usted que él es el hermano de Lord Amyatt.

—¡Oh, ya lo sé! Pero no creo que ese sea motivo de que sean tan horribles. Recuerdo haber conocido a la señorita Dudley la primavera pasada. Estaba con Lady Amyatt en Ranelagh y llevaba un gorro tan horroroso que no puedo soportarlos desde entonces... ¿Y me decía usted que encontraba a los Wynne muy agradables?

—¡Lo dice usted como si fuera algo dudoso! ¿Agradables? Eran todo lo que despierta en la gente interés y aprecio. Me resulta imposible hacer justicia a sus méritos, no porque no los conozca, sino porque no tengo ese poder. Esa familia hizo que la única compañía que me es grata sea la suya.

—Eso es exactamente lo que yo siento por las señoritas Halifax. Por cierto, que debo escribir a Caroline mañana, y no sé qué decirle. Las Barlow son también unas niñas adorables, pero preferiría que el pelo de Augusta no fuera tan oscuro. No puedo soportar a Sir Peter. ¡Qué horrible criatura! Está siempre tumbado a causa de la gota, lo cual es enormemente desagradable para su familia.

—Quizá también a él le resulte desagradable. Pero, volviendo a los Wynne, ¿verdaderamente los cree afortunados?

—¿Que si lo creo? ¿No lo cree todo el mundo? La señorita Halifax, Caroline y María, todas dicen que son las criaturas más afortunadas de la tierra. Lo mismo cree Sir George Fitzgibbon, igual que todo el mundo.

—Es decir, todo el mundo que tenía un compromiso con ellos. Pero ¿llamaría usted afortunada a una niña inteligente y sensible, que es enviada a Bengala a la búsqueda de un marido, que se casa allí con un hombre cuya personalidad no tiene tiempo de juzgar, hasta que su juicio ya no le sirve de nada, y que puede ser un tirano o un loco, o ambas cosas, porque nada parece indicarle lo contrario? ¿Llamaría a eso buena suerte?

—Yo nunca he oído nada semejante. Solo sé que ha sido muy generoso por parte de Sir George hacerse cargo de ella y pagarle el pasaje, y que no muchos habrían hecho lo mismo.

—Preferiría que no hubiese encontrado al que sí lo hizo —dijo Kitty con vehemencia—, podría haberse quedado en Inglaterra y haber sido feliz.

—Pues yo no sé qué calamidad puede haber en salir del país de la forma más agradable, en compañía de dos o tres niñas muy dulces, en hacer un viaje delicioso a Bengala o a Barbados, o donde quiera que sea, y en casarse poco después de su llegada con un hombre encantador e inmensamente rico. No veo la calamidad por ninguna parte.

—La verdad es que su versión de los hechos —dijo Kitty riendo— es totalmente distinta a la mía. Pero, incluso si lo que dice fuera cierto, lo que de ningún modo era seguro es que iba a ser tan afortunada con el viaje, con sus compañeras o con su marido. Me imagino que el simple riesgo de que fueran diferentes tuvo que ser una experiencia muy dura para ella. Por otra parte, para cualquier niña un poco delicada, el viaje mismo, como todo el mundo sabe, es un castigo que no necesita de ningún otro para ser muy severo.

—Yo no lo veo así. No es la primera niña que se ha ido a la India a buscar un marido, y sostengo que yo lo encontraría muy divertido si fuera igual de pobre que ella.

—Creo que en ese caso pensaría usted de manera muy diferente. Pero, al menos, no defenderá la situación de su hermana, ¿no? Dependiente de la liberalidad de otros hasta para comprarse un vestido, otros que no se compadecen de ella, pues, como usted dice, la consideran muy afortunada.

—Es usted verdaderamente complicada. Lady Halifax es una mujer deliciosa y una de las criaturas de temperamento más dulce del mundo. Estoy convencida de que tengo todos los motivos del mundo para hablar bien de ella, porque es muchísimo lo que le debemos. Me ha acompañado a ciertos eventos públicos cuando mi madre ha estado indispuesta, y la primavera pasada me dejó su propio caballo tres veces, lo que fue un favor prodigioso, porque es la criatura más bella que jamás se haya visto, y yo soy la única persona a la que se lo ha prestado. Además —continuó—, las señoritas Halifax son deliciosas. María es una de las niñas más listas que he conocido nunca. Pinta al óleo y toca todos los instrumentos imaginables. Prometió regalarme uno de sus cuadros antes de que me fuera de la ciudad, pero se me olvidó completamente pedírselo. Daría lo que fuera por tener uno.

—Pero —dijo Kitty— ¿no es extraño que el obispo de... enviara a Charles Wynne al mar, cuando podía haber tenido muchas más oportunidades en el seno de la Iglesia, que es la profesión que él prefería y la que su padre había deseado para él? Yo sé que el obispo le había prometido muchas veces al señor Wynne un beneficio eclesiástico y, como nunca se lo dio, creo que le hubiera correspondido transferir la promesa a su hijo.

—Según usted, lo que tenía que haber hecho es renunciar a su episcopado por él. Parece decidida a criticar todo lo que se ha hecho por esa familia.

—Bueno —dijo Kitty—, ese es un tema en el que nunca estaremos de acuerdo, y me parece inútil continuar discutiéndolo o mencionarlo otra vez.

Kitty salió de la habitación y, echándose a correr cuando estuvo fuera de la casa, pronto se encontró en su querido cenador, donde podía dar rienda suelta a toda su rabia contra los parientes de los Wynne, aún más intensa desde que se había enterado por Camilla de que todo el mundo consideraba que se habían portado muy bien con ellos. Durante un tiempo, disfrutó muchísimo descargando sobre esta gente su odio y toda clase de insultos y, después de haber pagado este tributo a los Wynne, y de que el cenador empezara a ejercer sobre ella su habitual influencia tranquilizadora, decidió contribuir a mantener sus efectos abriendo un libro (porque siempre tenía uno a mano) y poniéndose a leer.

Llevaba así casi una hora, cuando Camilla llegó corriendo presa de una gran excitación y aparentemente muy contenta.

—¡Oh, mi querida Catharine! —dijo, casi sin aliento—. ¡Tengo unas noticias maravillosas para usted! Pero seguro que lo adivina. ¡Somos las criaturas más afortunadas del mundo! ¡Los Dudley nos han enviado una invitación para un baile que van a celebrar en su casa! ¡Qué gente tan encantadora! Yo no sabía que eran inteligentes en absoluto. ¡Le aseguro que los adoro! Y además esta invitación llega en un momento magnífico, porque estoy esperando para mañana un nuevo gorro de la ciudad, un modelo «Redecilla de Oro», que va a ser una divinidad. Todo el mundo se morirá por tener el patrón.

La expectativa del baile era realmente agradable para Kitty, a quien le gustaba mucho bailar y tan pocas oportunidades tenía de hacerlo; de hecho, tenía muchas más razones que su amiga para estar contenta, porque para esta última no representaba ninguna novedad. No obstante, la alegría de Camilla no era ni mucho menos menor que la de Kitty, y fue la que más muestras dio de ello.

El gorro llegó y los demás preparativos se completaron también enseguida. Mientras estaban ocupadas en estas cosas, los días pasaban alegremente, pero cuando se quedaron sin decisiones que tomar, juicios sobre el buen gusto que emitir y dificultades que vencer, el breve período de tiempo que precedía al baile se les hizo muy pesado y cada hora era demasiado larga. Las poquísimas veces que Kitty había disfrutado del placer de bailar excusaban su impaciencia y disculpaban la ociosidad que este próximo acontecimiento producía en una mente siempre muy activa; pero su amiga, que no contaba con estos pretextos, estaba muchísimo peor que ella. No podía hacer nada más que vagar de la casa al jardín y del jardín a la avenida, preguntándose cuándo llegaría el jueves —algo que podía haber averiguado fácilmente— y contando las horas que pasaban, lo cual no hacía sino alargarlas.

El miércoles por la noche se retiraron a sus habitaciones muy excitadas, pero a la mañana siguiente Kitty se despertó con un fuerte dolor de muelas. En vano intentó engañarse al principio, sabía muy bien cuál era la realidad. Intentó dormir con el mismo poco éxito, porque el dolor le impedía cerrar los ojos. Kitty llamó entonces a su doncella y con la ayuda de la gobernanta intentaron llevar a la práctica todo lo que encontraron en el libro de los remedios caseros. Eso sí, sin ningún éxito, porque aunque consiguió cierto alivio temporal, el dolor volvía una y otra vez. Kitty se vio obligada a renunciar a todo nuevo intento y a reconciliarse no solo con el dolor de muelas, sino con la idea de perderse un baile y, aunque había anhelado tanto el día de su llegada, había disfrutado tanto con los preparativos y se había prometido que iba a pasarlo muy bien, no renunció a tomar las cosas con cierta filosofía, a diferencia de lo que habrían hecho muchas muchachas en su situación. Pensó que había desgracias mucho mayores que la que representaba la pérdida de un baile, y que algunos mortales las experimentaban todos los días; también, que podía llegar un día en el que se encontrara mirando hacia atrás, con asombro y quizá con envidia, por no haber conocido una decepción mayor que esa.

Gracias a reflexiones de esa índole, Kitty consiguió reunir toda la resignación y la paciencia que el dolor físico le permitía —y que, después de todo, era la mayor desgracia de las dos— y al entrar en el comedor del desayuno contó la triste historia con tolerable compostura. La señora Percival, más apesadumbrada por el dolor de muelas que por la desilusión de la muchacha —ya que pensaba que si esta iba al baile no podría evitar que bailara con algún hombre—, comenzó a ensayar todo lo que no habían probado hasta entonces para aliviar el dolor, y declaró rotundamente que Kitty no podía salir de casa. La señorita Stanley, que se unió a la preocupación general por el estado de su amiga, sintió también un gran temor, no fuera que la proposición de su madre —según la cual todos deberían quedarse en casa— fuera aceptada; dio extraordinarias muestras de tristeza por lo que ocurría y, aunque se vio pronto tranquilizada en su aprensión —ya que Kitty dijo que prefería ir al baile antes que permitir que alguien se quedara a acompañarla—, continuó lamentándose con tal vehemencia y constancia que finalmente consiguió que Kitty se fuera a su habitación.

Ahora que sus temores quedaban completamente disipados, Camilla contaba con más tranquilidad para perseguir y compadecer a su amiga, la cual, aunque a salvo cuando estaba en su propia habitación, cambiaba con frecuencia de una a otra con la esperanza de librarse del dolor, y en estas ocasiones no podía escapar de ella.

—Desde luego, no puedo pensar en nada más terrible —dijo Camilla—. ¡Y que vaya a pasar en un día como el de hoy! Si hubiera sido cualquier otro, no hubiese importado. Pero las cosas son siempre así. ¡Y qué cosa más terrible ha tenido que pasar para impedir que alguien vaya a un baile! Ojalá no existiesen estas cosas llamadas dientes; tienen el efecto de plagas sobre las personas; deberían inventar algo que sustituyera a los dientes para comer. ¡Pobrecita! ¡El dolor que debe de tener! Debo decir que es bastante horrible mirarla. Pero ¿no dejará que se la saquen, verdad? ¡Por Dios, ni se le ocurra! No hay nada que me dé más miedo. Le aseguro que soportaría las peores torturas del mundo antes que dejar que me sacaran una muela. ¡Con qué paciencia lo lleva! ¿Cómo puede estar tan tranquila? ¡Dios mío, si estuviera en su lugar, organizaría tal alharaca que no me podría aguantar nadie! ¡La atormentaría a usted mortalmente!

«Es precisamente lo que está haciendo», pensó Kitty.

—Por lo que a mí respecta, Catharine —dijo la señora Percival—, estoy convencida de que has cogido ese dolor de muelas por pasar tanto tiempo sentada en ese cenador, que está siempre húmedo. Ha arruinado tu salud por completo y, desde luego, no creo que le haya hecho mucho bien a la mía. Me senté allí a descansar el pasado mes de mayo y no me he sentido del todo bien desde entonces. Te aseguro que voy a dar órdenes a John para que lo derribe.

—Estoy segura de que no lo hará, señora —dijo Kitty—, porque sabe muy bien la tristeza que me produciría.

—No digas tonterías, niña. Todo es puro capricho y bobada. ¿Por qué no te imaginas que esta habitación es un cenador?

—Señora, si Cecilia y Mary hubieran construido esta habitación, la valoraría de la misma forma, porque lo que me encanta del cenador no es su nombre.

—La verdad, señora Percival —dijo la señora Stanley—, es que el cariño que Catharine siente por su cenador es el efecto de una sensibilidad que habla muy a su favor. Me encanta ver la amistad entre jóvenes y siempre la he considerado prueba de una personalidad amable y afectuosa. Desde que era pequeña, he tratado de inculcarle a Camilla los mismos sentimientos y me he esforzado mucho en presentarle a gente joven, de su misma edad, que me parecía digna de su respeto. No hay nada que forme más un gusto que las cartas sensibles y elegantes. Lady Halifax piensa exactamente como yo. Camilla se escribe con sus hijas y me atrevería a decir que ninguna de ellas es peor por eso.

Estas ideas eran demasiado modernas para la señora Percival, quien creía que la correspondencia entre niñas no podía conducir a nada bueno y la consideraba origen frecuente de imprudencias y errores inducidos por los consejos perniciosos y el mal ejemplo. Por lo tanto, no pudo evitar comentar que, por lo que a ella respectaba, había vivido cincuenta años sin haber tenido una sola corresponsal y que no se encontraba menos respetable por ello.

La señora Stanley se quedó sin respuesta ante esto, pero su hija, menos dirigida por el sentido de lo correcto, dijo sin pensar:

—¡Pero, señora, quién sabe cómo hubiera sido si hubiese tenido una corresponsal! Quizá esa experiencia la hubiera convertido en una criatura muy diferente. Le aseguro que no prescindiría de las mías ni por todo el oro del mundo. Es una de las fuentes de placer más grandes de mi vida y, como dice mi mamá, no se puede imaginar lo mucho que sus cartas han formado mi gusto, porque recibo noticias de ellas al menos una vez a la semana.

—¿No has recibido una carta de Augusta Barlow hoy mismo, mi amor? —preguntó la madre—. Esa niña escribe maravillosamente bien.

—Sí, señora, la carta más deliciosa que pueda imaginarse. Me envía un informe sobre el nuevo vestido de paseo estilo Regencia que le ha hecho Lady Susan, y es tan bonito que me muero de envidia.

—Bueno, me hace muy feliz oír noticias tan agradables de tu joven amiga. Siento una gran estima por Augusta y comparto sinceramente vuestra alegría. Pero ¿no dice nada más? Me pareció que era una carta muy larga. ¿Van a ir a Scarborough?

—¡Oh, señor, ahora que lo recuerdo, no lo menciona ni una vez! Y se me olvidó por completo preguntárselo en mi última carta. La verdad es que solo habla sobre el estilo Regencia.

«Debe de escribir muy bien —pensó Kitty—, si es capaz de llenar varios folios con un gorrito y una pelliza por único tema».

Kitty decidió salir de la habitación, cansada de escuchar una conversación que, si estando bien quizás la hubiera divertido, ahora que se encontraba mal solo la cansaba y deprimía. Cuando llegó la hora de vestirse para el baile, Kitty se sintió feliz, porque Camilla, satisfecha con la ayuda de su madre y de la mitad de las doncellas de la casa, no requirió su presencia y se lo pasaba demasiado bien como para necesitar su compañía. Por lo tanto, se quedó sola en el salón, hasta que se le unieron el señor Stanley y su tía, quienes, después de unas cuantas preguntas, la dejaron tranquila y renovaron su habitual conversación sobre política.

Este era un tema sobre el cual nunca podían estar de acuerdo, porque el señor Stanley, que se consideraba a sí mismo una persona perfectamente cualificada para decidir sobre estos temas debido a su cargo en la Cámara de los Comunes, mantenía resueltamente que el reino hacía años que no se encontraba en un estado tan próspero y floreciente; y la señora Percival, con igual ímpetu, aunque quizás con menos argumentos, aseguraba con la misma vehemencia que la nación entera iba a la ruina y que todo, según su expresión, estaba patas arriba. No obstante, escuchar aquella disputa no dejaba de ser divertido para Kitty, sobre todo ahora que el dolor comenzaba a ceder un poco, y, sin participar en ella, encontró muy entretenido observar la intensidad con que ambos defendían sus opiniones, y no pudo evitar pensar que el señor Stanley no se sentiría más decepcionado si se cumplían las expectativas de su tía, de lo que se sentiría su tía si fracasaban.

Después de un tiempo considerable, la señora Stanley y su hija hicieron su aparición, y Camilla, animadísima y de un humor excelente, comenzó a insistir en la pena que sentía por la situación de su amiga con energía redoblada, mientras practicaba sus pasos de danza escocesa por la habitación.

Por fin se marcharon y Kitty, con más oportunidades para divertirse de las que había tenido en todo el día, se dedicó a escribir un largo relato de sus desventuras a Mary Wynne. Una vez terminó la carta, tuvo la oportunidad de comprobar la verdad del aserto según el cual el peso de la tristeza se ve aligerado por medio de la comunicación, porque se sintió tan mejorada de su dolor de muelas que comenzó a pensar en la posibilidad de seguir a sus amigos a casa del señor Dudley.

Kitty llevaba una hora esperando a que regresaran. Como ya tenía todo listo para vestirse, pensó que en otra hora podría alcanzarlos. Habían salido en el coche del señor Stanley, así que ella podía ir detrás en el de su tía. El plan parecía fácil de ejecutar y, como prometía ser muy divertido, no tardaría en tomar una decisión. Subió corriendo las escaleras y llamó a su doncella.

El ajetreo y las prisas que siguieron duraron casi una hora, pero al final Kitty estaba vestida y se veía guapísima. Mientras se ponía los guantes y se arreglaba el vestido, le pidió a Anne que fuera a llamar al coche. A los pocos minutos escucharon cómo se detenía en la puerta. Aunque al principio le extrañó lo rápido que se había hecho todo, pensó que los criados debían haber recibido alguna señal de sus intenciones. Estaba a punto de salir de la habitación cuando Anne llegó corriendo, visiblemente alterada.

—¡Dios mío, señora! —exclamó Ana—. Ha llegado un señor en una calesa de cuatro caballos, y no sé quién es. Estaba cruzando el recibidor cuando llegó el coche. Como Tom, el mayordomo, estaba horrible con los rulos puestos y no quería que el caballero lo viera, fui yo quien abrió la puerta. ¡Y es uno de los chicos más guapos que te puedas imaginar! Me dio un poco de vergüenza que me viera con el delantal, pero te juro que es guapísimo y no pareció importarle. Me preguntó si la familia estaba en casa, así que le dije que todos habían salido menos usted. No quise decirle que usted tampoco estaba, porque me imaginé que querría verlo. Entonces me preguntó si el señor y la señora Stanley estaban aquí, y le dije que sí, y entonces...

—¡Pero, por favor! —interrumpió Kitty—. ¿Qué significa todo esto? ¿Y quién podría ser? ¿Nunca lo habías visto antes? ¿Y no te dijo cómo se llamaba?

—No señora, no me dijo nada. Solo le pedí que entrara al salón, y fue super amable...

—Quienquiera que sea —dijo Kitty—, te ha impresionado, Nanny. Pero ¿de dónde viene? ¿Y qué quiere en esta casa?

—¡Ay, señora! Justo iba a decírselo. Creo que a quien quiere ver es a usted, porque me preguntó si podía recibir visitas y me pidió que le diera sus saludos. Me dijo que la esperaría con mucho gusto. De todas formas, me pareció mejor que no subiera a su vestidor, sobre todo porque está hecho un desastre, así que le dije que si era tan amable de esperar en el salón, yo bajaría a decirle que había llegado, y me atreví a decirle que creía que lo recibiría. ¡Señora, le apuesto lo que quiera a que ha venido a invitarla a bailar esta noche, y que tiene la calesa lista para llevarla a la casa de los Dudley!

Kitty no pudo evitar reírse con esa idea y deseó que fuera cierto, porque temía que ya fuera demasiado tarde para encontrar pareja.

—Pero ¿qué será eso que tiene que decirme? A lo mejor ha venido a robar la casa... Bueno, al menos lo hace con estilo. Sería un consuelo que nos robara un caballero que llega en una calesa de cuatro caballos. ¿Qué uniforme llevan sus sirvientes?

—Esa es la cosa más extraña, señora, ¡no tiene sirvientes! Y los caballos son alquilados. Pero es apuesto como un príncipe y lo parece. Por favor, mi querida señora, baje. Estoy seguro de que le encantará.

—Bueno, supongo que tengo que bajar, pero ¡qué raro! ¿Qué tendrá que decirme?

Después de mirarse rápidamente al espejo, bajó las escaleras con una mezcla de emoción e impaciencia, aunque también temblaba por no saber qué se iba a encontrar. Se detuvo un momento en la puerta para armarse de valor y, finalmente, entró decidida en el salón.

El desconocido, que se veía tan bien como lo había descrito la doncella, se levantó al verla y, dejando a un lado el periódico que estaba leyendo, caminó hacia ella con seguridad y naturalidad.

—Es un poco raro tener que presentarme así —dijo—, pero espero que la necesidad que me ha traído aquí sea una disculpa suficiente y le sirva para no juzgarme mal. No necesito preguntarle su nombre, señorita. La señorita Percival es muy conocida y me han hablado mucho de usted.

Kitty, que esperaba que le dijera su nombre y no el de ella, y que, por tener pocas amistades, nunca se había encontrado en una situación así, no supo qué preguntarle. Había estado pensando qué decir mientras bajaba las escaleras, pero las inesperadas palabras del joven la dejaron tan confusa que solo pudo hacer un comentario educado y aceptar la silla que él le acercaba sin saber qué hacía.

Entonces, el caballero continuó hablando:

—Me imagino que le sorprende verme de vuelta de Francia tan pronto, pero en realidad solo un asunto que tenía que resolverme hizo regresar a Inglaterra. Es un tema triste, y no podía dejar de presentar mis respetos a una familia en Devonshire a la que él quería conocer desde hace mucho tiempo.

Kitty, a quien le sorprendía más que él creyera que a ella le sorprendía ver que el hecho de que hubiera regresado de Francia (ya que ella ni siquiera sabía que se había ido), se quedó en silencio, atónita y confundida, mientras su visitante hablaba seguía.

—Supongo que entenderá que yo también tenía muchas ganas de conocerla a usted, señora, sabiendo que el señor y la señora Stanley están en su casa. Confío en que estén bien. ¿Y la señora Percival, cómo está? —Y sin esperar respuesta, añadió con alegría—: Pero, mi querida señorita Percival, veo que estaba a punto de salir y la estoy interrumpiendo. ¿Cómo podré perdonarme esta injusticia? Aunque, ¿cómo podría ofenderla en estas circunstancias? ¡Parece vestida para un baile! Claro, ya sé que esta es la tierra de la alegría. ¡He deseado conocerla desde hace tantos años! Supongo que aquí tienen bailes al menos una vez a la semana. Pero ¿dónde han ido sus amigos y qué ángel tan amable se ha apiadado de mí y la ha dejado fuera del grupo?

—¿Es posible, señor? —dijo Kitty, muy confundida por su forma de hablarle y un poco molesta por tanta familiaridad de alguien a quien nunca había visto y cuyo nombre seguía sin conocer—. ¿Es posible que usted conozca al señor y a la señora Stanley, y que el motivo de su visita tenga que ver con ellos?

—Señorita, me honra mucho si cree que los conozco —respondió él, riendo—. Solo los conozco de vista. Son unos parientes lejanos. Solo hijo mi padre y mi madre. Nada más, se lo aseguro.

—¡Ay, por Dios! —exclamó Kitty—. ¿Entonces usted es el señor Stanley? Le ruego que me perdone. Aunque, pensándolo bien, en ningún momento me ha dicho su nombre.

—Perdóneme, pero creo que, al entrar, le hice una presentación muy completa. Y le aseguro que la encontré bastante buena.

—El discurso, claro, fue muy meritorio —dijo Kitty, sonriendo—. Lo pensé en su momento, aunque como presentación, teniendo en cuenta que nunca mencionó su nombre, creo que podría mejorarse.

Stanley transmitía tanta alegría y buen humor que, aunque quizás era demasiado pronto para tanta confianza, Kitty no pudo evitar dejarse llevar por su naturaleza y hablarle en el mismo tono. Después de todo, conoció muy bien a su familia, que también eran sus parientes, y pensó que esa relación le permitía ignorar lo poco que se conocía.

—El señor y la señora Stanley, y también su hermana, están muy bien —dijo—, y estoy segura de que se sorprenderán mucho al verlo. Pero lamento oír que su regreso a Inglaterra se debe a algo desagradable.

—¡Oh, no puedo de eso! —dijo él—. Es un asunto terrible y pensar en ello me pone fatal. Pero ¿adónde han ido mi padre, mi madre y su tía? Por cierto, ¡en su puerta me encontré a la doncella más bonita del mundo! Fue ella quien me abrió. ¡Al principio pensé que era usted!*****

—Me honra que me dé más crédito del que merezco, porque yo nunca soy la que abre la puerta cuando llaman.

—Por favor, no se enoje, no era mi intención ofenderla. Pero, dígame, ¿adónde va tan elegante? Ahí está su coche.

—Voy a un baile en casa de unos vecinos. Su familia y mi tía ya están allí.

—¡Se han ido sin usted! ¿Qué significa eso? Aunque supongo que usted es como yo y tarda mucho en arreglarse.

—Si ese fuera el caso, tendría sentido, porque se fueron hace casi dos horas. Sin embargo, el motivo es otro. No salí antes por un dolor...

—¡Por un dolor! —interrumpió Stanley—. ¡Dios mío, qué cosa tan terrible, le doliera donde le doliese! Pero, mi querida señorita Percival, ¿qué le parece si la acompaña? Y supongo que aceptará bailar conmigo, ¿no? Creo que sería muy divertido.

—No tengo nada que objetar a ninguna de las dos cosas —dijo Kitty, riéndose al recordar la acertada conjetura de su doncella—. Al contrario, me sentiría honrada por ambas, y creo poder decir que la familia que da el baile también se sentirá muy honrada con su presencia.

—¡Bah, que se aguanten! ¡A quién le importa! ¡No me van a poder echar de la casa! Pero me temo que, con esta ropa de viaje llena de polvo, voy a parecer un poco triste entre las bellezas de Devonshire, y no tengo nada para cambiarme. Quizás podría conseguir un poco de talco, y tengo que conseguir los zapatos de alguno de los sirvientes, porque tenía tanta prisa por salir de Lyon que no empaqué más que un poco de lino.

Kitty se puso manos a la obra de inmediato. Le pidió a un lacayo que lo llevara al vestidor del señor Stanley y le dio a Nanny instrucciones para que le enviara talco y pomada. Nanny, por supuesto, decidió ejecutar ella misma las órdenes. Como la preparación de Stanley no era muy complicada, Kitty pensó que estaría listo en unos diez minutos, pero descubrió que cuando él dijo que era lento no lo decía por presumir. La hizo esperar más de media hora, así que ya habían dado las diez cuando apareció, y el resto del grupo había salido a las ocho.

—Bueno —dijo al entrar—, ¿no he sido rápido? Nunca me he arreglado más rápido en mi vida.

—En ese caso sí —replicó Kitty—, porque ya sabe que todo mérito es relativo.

—¡Sabía que agradecería mi rapidez! ¡Pero vamos! ¡El coche está listo! ¡No me haga esperar!

Y diciendo esto, la tomó de la mano y la condujo fuera de la habitación.

—Mi querida prima —dijo, una vez sentados en el coche—, ¡menuda sorpresa se van a llevar todos cuando la vean entrar con un tipo tan elegante como yo! ¡Espero que su tía no se alarme!

—Si he de ser sincera —replicó Kitty—, creo que lo mejor que podemos hacer para evitarlo es pedir que llamen a mi tía oa su madre antes de entrar. Sobre todo teniendo en cuenta que es usted un completo desconocido y que, por supuesto, debe ser presentado al señor ya la señora Dudley.

—¡Tonterías! —dijo él—. No esperaba que usted se tomara tan en serio esas formalidades. Nuestra relación hace que todas esas precauciones sean ridículas. Además, si entramos juntos, nos convertiremos en el centro de todos los chismorreos del lugar.

—Sin duda es una posibilidad muy interesante —dijo Kitty—, pero dudo que mi tía lo viera de la misma manera. Las mujeres de su edad tienen una idea de lo que es correcto muy extraña, ¿sabe?

—Esa es exactamente la razón por la que usted debería acabar con ellas. Además, dígame, ¿por qué no iba a entrar conmigo en una habitación donde se encuentran todos nuestros parientes, si ya me ha hecho el honor de admitirme en su coche sin una acompañante? ¿No cree que a su tía le molestará lo mismo cometer un crimen horrible que cometer dos?

—Realmente no lo sé —dijo Kitty—, pero no creo que el hecho de que me haya saltado las reglas una vez sea razón para hacerlo una segunda.

—Todo lo contrario. Esa es la razón que le impide evitarlo, ya que no puede ofenderla de nuevo por primera vez.

—Es usted muy gracioso —dijo ella, riéndose—, pero me temo que sus argumentos me divierten demasiado como para convencerme.

—Al menos la convencerán de que soy muy agradable, lo cual, después de todo, es lo mejor que me puede pasar. En cuanto al tema de lo que es correcto, lo dejaremos para cuando lleguemos. Supongo que este es un baile mensual, ¡veo que aquí no se hace otra cosa que bailar!

—Creo haberle dicho que lo organiza el señor Dudley.

—¡Ah! ¿Sí? ¿Y por qué el señor Dudley no iba a organizar un baile una vez al mes? Por cierto, ¿quién es ese hombre? Estos días todo el mundo organiza bailes, según me han contado. Creo que tendré que organizar uno pronto yo mismo. Bueno, ¿y qué le parecen mi padre y mi madre? ¿Y la pobre Camilla? ¿No la ha agotado con sus comentarios sobre los Halifax?

Afortunadamente, el coche se detuvo en ese momento frente a la casa de los Dudley. Stanley estaba demasiado ocupado ayudándola a salir como para esperar una respuesta o para acordarse de que la esperaba. Entraron en un pequeño vestíbulo y Kitty le pidió al lacayo que los subía por las escaleras que avisara a la señora Percival o a la señora Stanley de su llegada y de que quería verlas.

Pero Stanley, que no estaba acostumbrado a que le llevaran la contraria y estaba impaciente por ver a los demás, no le permitió a Kitty esperar ni le hizo caso. Entrelazó su brazo con el de ella y acalló su voz con la suya, así que Kitty, entre molesta y divertida, tuvo que subir las escaleras con él. A duras penas logró soltarse de su mano antes de entrar en el salón.

En ese instante, la señora Percival estaba al otro lado de la sala hablando con una amiga, contándole la historia del dolor que su sobrina había soportado con tanta valentía durante todo el día.

—Por suerte, cuando la dejé, se encontraba un poco mejor —dijo—. Espero que se haya entretenido con un libro, ¡porque si no, la pobre se habrá aburrido muchísimo! Supongo que ya estará en la cama, que es el mejor lugar para ella.

La amiga iba a asentir cuando un murmullo de voces en la escalera, seguido por la entrada de un lacayo abriendo la puerta, llamó la atención de todos. Como coincidió con un momento de descanso entre bailes, cuando todos estaban sentados, la señora Percival tuvo la terrible oportunidad de ver a su sobrina —a quien creía en la cama o con un libro— entrar en la sala, vestida de gala, con una sonrisa en la cara y las mejillas sonrosadas por la alegría y la confusión. La acompañaba un joven increíblemente atractivo que no parecía nada confundido y se veía igual de contento que ella.

La señora Percival se levantó de golpe, roja de asombro y rabia. Kitty se apresuró a ir a su encuentro, ansiosa por explicar lo que, se daba cuenta, a todos les parecía extraño y a ella, muy ofensivo. Al mismo tiempo, al ver a su hermano, Camilla corrió hacia él y enseguida empezó a explicar a todo el mundo, con palabras y gestos, quién era.

El señor Stanley, que adoraba a su hijo y a quien, por la alegría de verlo después de tres meses, no podía guardarle rencor a pesar de que había vuelto a Inglaterra sin avisar, lo recibió con la misma sorpresa y felicidad. Después de enterarse del motivo de su viaje, prohibió que nadie más le hablara, ya que el joven quería ver a su madre y ser presentado a la familia Dudley.

Esta presentación habría sido muy incómoda para cualquiera menos para Stanley, ya que los Dudley se sintieron insultados por el hecho de que él hubiera ido a su casa sin invitación y lo recibieron con una altivez aún mayor de lo habitual en ellos. Pero Stanley, a quien su carácter alegre rara vez permitía intimidar y cuyo desprecio por las críticas era inquebrantable; Stanley, que tenía sus propias ideas y una perseverancia en sus planes que la conducta de los demás no podía alterar, no pareció darse cuenta. Así, aceptó las frases de compromiso que le dirigieron fríamente con una alegría y una naturalidad propias de su carácter. Luego, acompañado por su padre y su hermana, se dirigió a otra habitación donde su madre jugaba a las cartas, para que se repitiera la misma secuencia de placer, sorpresa y explicaciones.

Mientras todo esto pasaba, Camilla, ansiosa por contarle lo que sentía al primero que le prestara atención, se sentó al lado de Kitty y empezó a hablar de inmediato.

—¿No es increíble? Siempre es así. Nunca he ido a un baile sin que pase algo sorprendente y maravilloso.

—¡Un baile! —exclamó Kitty—. ¡Creí que esta era una experiencia totalmente nueva para ti!

—Bueno, ¡sí, sí! Pero, fíjate qué inesperado el regreso de mi hermano. ¡Y qué cosa tan terrible es lo que lo ha traído de vuelta! ¡Nunca había oído nada tan espantoso!

—¿Y qué fue, por favor, lo que lo hizo dejar Francia? Lamento que sea algo tan triste.

—¡Oh, es peor de lo que te puedas imaginar! Cuando se fue al extranjero, sacaron a su yegua de caza favorita al jardín para que se ejercitara y, no se sabe cómo, cayó enferma. O no, creo que fue un accidente. Bueno, una cosa o la otra, o quizás fue otra cosa, la cuestión es que le enviaron un correo urgente a Lyon, donde estaba, porque sabían que quería a su yegua más que a nada en el mundo. Así que mi hermano se puso en camino inmediatamente hacia Inglaterra, sin siquiera coger otro abrigo. La verdad es que estoy bastante enfadada con él. ¡Salir así, sin cambiarse de ropa!

—Desde luego, parece un asunto terrible de principio a fin —dijo Kitty.

—¡Oh, es peor que cualquier cosa imaginable! ¡Hubiera aguantado cualquier cosa antes que perder esa yegua!

—Excepto salir sin llevar otro abrigo.

—¡Oh, sí, eso me ha enfadado más de lo que te puedas imaginar! Bueno, el caso es que Edward fue a Brampton, donde encontró a la yegua muerta, y como no podía quedarse allí en ese estado, decidió venir a Chetwynde a vernos. Espero que no vuelva a irse al extranjero.

—¿Crees que no lo hará?

—¡Oh, querida, estoy segura de que tiene que hacerlo, pero desearía con todo mi corazón que no! ¡No te imaginas cuánto lo quiero! Por cierto, ¿no estás enamorada de él?

—¡Claro que sí! ¡Por supuesto! —replicó Kitty, riendo—. Estoy enamorada de todos los hombres guapos que veo.

—A mí me pasa lo mismo. Estoy enamorada de todos los hombres guapos del mundo.

—Ahí me ganas —replicó Kitty—, porque yo solo estoy enamorada de los que veo.

La señora Percival, que estaba sentada al otro lado y había empezado a distinguir las palabras «enamorada» y «hombres guapos», se giró bruscamente hacia ellas y preguntó:

—¿De qué están hablando, Catharine?

A lo que Kitty contestó inmediatamente, con el mismo artificio que usan los niños:

—De nada, señora.

Kitty ya se había ganado una buena bronca de su tía por el comportamiento de toda la noche. La tía la reprendió por ir al baile, por ir en el mismo coche que Edward Stanley, y aún más por entrar al salón con él.

Kitty no sabía qué excusa poner para la última ofensa. Y aunque quiso defenderse de la segunda, diciendo que le parecía una falta de educación dejar que Stanley fuera a pie, no se atrevió a bromear con su tía, que se habría enfadado todavía más. En cuanto a la primera acusación, le pareció absurda, pues creía que tenía todo el derecho a ir al baile.

La discusión duró hasta que Edward Stanley entró en la habitación y se dirigió directamente a ella. Le dijo que todos los esperaban para empezar el siguiente baile, y la llevó a la cabecera del salón. Kitty, impaciente por escapar de la incómoda compañía de su tía, sin dudarlo y sin ningún reparo, le dio la mano y se levantó de su asiento con alegría.

Sin embargo, su actitud molestó a muchas señoritas, entre ellas a la propia señorita Stanley. A pesar del inmenso cariño que sentía por su hermano y del aprecio que le tenía a Kitty, no pudo evitar sentir que aquello era una falta de respeto hacia ella y un golpe a su tranquilidad. Edward solo había seguido sus impulsos al pedirle a Kitty que encabezara el baile con él, sin pensar que alguien más pudiera querer ese honor.

Como heredera, Kitty tenía cierta posición social, pero no era de cuna noble, ya que su padre había sido comerciante. Esta circunstancia era lo que hacía que todo el asunto le pareciera tan ofensivo a Camilla, quien, aunque a veces presumía con orgullo desmedido y por querer llamar la atención de que no sabía quién había sido su abuelo y de que era tan ignorante en genealogía como en astronomía (y podría haber añadido geografía), en realidad estaba muy orgullosa de su familia y de sus amistades y se ofendía fácilmente si les faltaban al respeto.

—No me habría importado si hubiera sido la hija de cualquier otra persona —le dijo a su madre—, pero verla ahí, creyéndose por encima de mí, cuando su padre era solo un comerciante... ¡eso está muy mal! ¡Es una afrenta para toda nuestra familia! Creo que papá debería hacer algo, ¡si no fuera porque solo le importa la política! Si yo fuera el señor Pitt o el Lord Canciller, se aseguraría de que no me insultaran así, pero nunca piensa en mí. ¡Y es tan insultante que Edward permita que esté ahí! ¡Ojalá no hubiera venido nunca a Inglaterra! ¡Espero que se caiga y se rompa el cuello! ¡O que se tuerza el tobillo!

La señora Stanley estuvo completamente de acuerdo con su hija en este asunto. Aunque con menos violencia, expresó casi el mismo resentimiento por tal indignidad.

Mientras tanto, Kitty no sabía que había ofendido a nadie y, como no tenía que preocuparse por disculparse ni por reparar ninguna falta, toda su atención estaba en la felicidad de bailar con el joven más apuesto del salón, sin prestar atención a nadie más. La noche transcurrió de la forma más maravillosa. Stanley fue su pareja la mayor parte del tiempo, y su encanto, su forma de hablar y su alegría se ganaron fácilmente la preferencia de Kitty, algo que le solía pasar con todo el mundo.

Kitty era demasiado feliz como para preocuparse por el mal humor de su tía, que no pudo evitar percibir, o por el cambio de actitud de Camilla, que terminó por ser evidente. Su alegría estaba por encima del mal humor de cualquiera, y le daba igual la razón del de Camilla como la insistencia del de su tía.

Aunque el señor Stanley no podía ofenderse por las imprudencias o las locuras de su hijo, que por otra parte le habían dado la alegría de verlo, estaba convencido de que Edward no podía quedarse en Inglaterra y estaba decidido a que se marchara lo antes posible. Sin embargo, cuando habló con Edward sobre el tema, lo encontró mucho menos dispuesto a volver a Francia que a acompañarlos en su viaje planeado, el cual —le aseguró a su padre— le parecía mucho más agradable, añadiendo que, por otra parte, lo de viajar no tenía ninguna importancia y podría hacerlo en cualquier otro momento, cuando no tuviera nada mejor que hacer.

Stanley hizo estas objeciones de una manera que dejaba muy clara su decisión. Para él, los argumentos en contra de su padre eran solo comentarios para mantener su autoridad y no creía que le fuera muy difícil contradecirlos. Cuando la calesa en la que volvían de la casa de los Dudley llegó a la de la señora Percival, terminó la conversación diciendo:

—Bueno, señor, ya lo decidiremos en otro momento. Por suerte tiene tan poca importancia que no tenemos por qué discutirlo inmediatamente.

Y dicho esto, se bajó de la calesa y entró en la casa, sin esperar la respuesta de su padre.

No fue hasta ese momento, al regresar, cuando Kitty se dio cuenta de la frialdad de Camilla; una frialdad tan marcada que era imposible que pasara totalmente desapercibida. Cuando ya estaban en el coche con las otras dos damas, la indignación de la señorita Stanley ya no pudo contenerse y se desahogó de la siguiente manera:

—Tengo que decir que nunca he estado en un baile más estúpido en mi vida. Pero siempre es así. Siempre me decepcionan de una forma u otra. Ojalá no existieran estas cosas.

—Siento mucho que no se haya divertido, señorita Stanley —dijo la señora Percival, erguida con dignidad—. Estoy segura de que todo se ha hecho con la mejor intención. Si es tan difícil de complacer, supongo que su mamá tendrá pocas ganas de llevarla a otro.

—Señora, no sé a qué se refiere con eso de que mi mamá me lleve a otro. Ya estoy en edad de casarme.

—¡Oh! Querida señora Percival —dijo la señora Stanley—, no le crea todo lo que dice mi Camilla. A veces se emociona tanto que habla sin pensar. No creo que nadie haya estado en un baile más elegante y agradable. Estoy segura de que eso es lo que quiere decir.

—Sí, claro —dijo Camilla con resentimiento—. Solo tengo que añadir que no es muy agradable ver cómo alguien se comporta de forma tan grosera. No es que esté ofendida, ni me importaría que todo el mundo estuviera en mi contra, pero no deja de ser algo horrible que no puedo tolerar. No es que me importe lo más mínimo, y me hubiera puesto a bailar al final de la cola toda la noche, si no fuera tan desagradable. Pero que alguien venga en mitad de la noche y ocupe el lugar de todos, eso es algo a lo que no estoy acostumbrada y, aunque me importe un comino, te aseguro que no lo perdonaré ni lo olvidaré fácilmente.

Kitty, que entendió perfectamente todo el asunto, respondió con una disculpa sincera. Tenía la sensatez de estar orgullosa de su familia y un carácter demasiado bueno para pelearse con alguien. Se disculpó con tanta preocupación y una dulzura tan natural que a Camilla le costó mucho mantener el enfado. Se sintió realmente satisfecha al descubrir que Kitty no había querido insultarla y que estaba muy lejos de olvidar la diferencia de clases. Esto hizo que ahora solo sintiera lástima por ella y, recuperando su buen humor con la misma facilidad con la que lo había perdido, empezó a hablar de lo maravillosa que había sido la noche, declarando que nunca había estado en un baile tan agradable.

Las mismas disculpas que le habían valido el perdón de la señorita Stanley le devolvieron la cordialidad de su madre; solo faltaba el buen humor de la señora Percival para completar la felicidad. Pero ella, ofendida por la fingida superioridad de Camilla, y más aún con su hermano por haber venido a Chetwynde, y descontenta con la noche en general, se mantuvo callada y sombría, frenando la alegría de sus acompañantes.

A la mañana siguiente, la señora Percival aprovechó la primera oportunidad para hablar con el señor Stanley sobre el regreso de su hijo. Después de decir que en su opinión todo el asunto le parecía bastante tonto, le pidió que le comunicara al señor Edward Stanley que para ella era una regla no admitir a jóvenes como huéspedes en su casa, por el tiempo que fuera.

—Créame que no es mi intención faltarle al respeto —continuó—, pero no puedo permitir que se quede aquí.

No sé lo que podría pasar si continuara, porque las niñas de hoy en día sienten una marcada preferencia por los jóvenes guapos. ¿Por qué? Nunca lo he sabido. Porque, ¿qué son la juventud y la belleza, después de todo? Estas cosas no son más que pobres sustitutos del verdadero valor y del verdadero mérito. Créame, primo, no importa lo que la gente diga, no hay nada como la virtud para hacer de nosotros lo que deberíamos ser, y en cuanto a la virtud de un joven, el hecho de que sea guapo y tenga una personalidad agradable, no tiene ningún valor, ya que haría mucho mejor en ser una persona respetable. Siempre he pensado así, y seguiré haciéndolo. Por lo tanto, le quedaría muy agradecida si le dijera a su hijo que se vaya de Chetwynde, ya que no puedo predecir lo que pasaría entre él y mi sobrina. Quizá le sorprenda oír esto —continuó, bajando la voz—, pero si he de ser sincera, debo reconocer que Kitty es una de las niñas más descaradas que he conocido nunca. Le aseguro, señor, que la he visto sentarse, reír y susurrar con un joven al que no había visto más de una docena de veces. Su comportamiento es realmente escandaloso, y debo rogarle que envíe a su hijo lejos de aquí inmediatamente, o esto será un caos.

El señor Stanley, que durante una parte de su discurso no había entendido muy bien a dónde quería llegar la señora Percival con sus insinuaciones sobre el descaro de Kitty, se esforzó por calmar sus temores. Le aseguró que bajo ningún concepto permitiría que su hijo se quedara con ellos más de un día, y que podía confiar en que haría todo lo posible por complacerla. Añadió que Edward mismo estaba deseando volver a Francia, aunque alguien le había convencido de lo contrario. Esta declaración tranquilizó a la señora Percival en cierta medida, redujo un poco su preocupación y su alarma, y mejoró su disposición a tratar a Edward con cortesía durante el resto de su breve estancia en Chetwynde.

El señor Stanley fue inmediatamente a hablar con Edward, a quien le repitió la conversación que había tenido con la señora Percival, diciéndole que era absolutamente necesario que se fuera de Chetwynde al día siguiente, ya que él había dado su palabra. Su hijo solo pareció sorprenderse por las ridículas aprensiones de la señora Percival y, encantado de haberlas provocado, sin prestar atención al resto de la conversación de su padre, se puso a pensar en cómo podía aumentarlas.

El señor Stanley no pudo obtener una respuesta clara de él y, aunque todavía confiaba en lo mejor, se despidió de su hijo casi enfadado. Edward, que no tenía la menor intención de casarse y veía a la señorita Percival simplemente como una chica buena y simpática a la que le agradaba su compañía, se dedicó con enorme placer a aumentar los temores celosos de su tía, prodigándole todo tipo de atenciones, sin considerar el efecto que estas podrían tener en la señorita. Se sentaba a su lado siempre que estaban en la misma habitación; daba a entender que se entristecía cuando ella se iba y era el primero en preguntar si volvería pronto. Se mostraba encantado con sus dibujos y encantado con su forma de tocar el clavicordio. Todo lo que ella decía parecía interesarle; dirigía su conversación solo a ella y daba a entender que ella sola era el objeto de su atención.

No es extraño que esos esfuerzos tuvieran éxito a la hora de alarmar a una persona tan sensible a cualquier señal de peligro como la señora Percival, ni que produjeran un profundo impacto en su sobrina, una muchacha de imaginación viva y personalidad romántica, que ya estaba encantada con él y que, naturalmente, deseaba ser correspondida. Cada vez que aumentaba su convicción de que él se sentía atraído por ella, veía a Edward más encantador y se intensificaba su deseo de conocerle mejor. En cuanto a la señora Percival, el día entero fue un infierno para ella. Ninguna experiencia del pasado podía compararse con las sensaciones que ahora la torturaban; y sus temores nunca habían sido tan fuerte y razonablemente excitados. Su rechazo hacia Stanley, su rabia hacia su sobrina y su impaciencia por que se separaran, dominaron por completo toda idea de propiedad y buena educación y, aunque el joven nunca mencionara su intención de irse al día siguiente, ella no pudo evitar, en su perentorio deseo de que desapareciera, preguntarle después de la cena a qué hora pensaba ponerse en camino.

—¡Ay, señora! —replicó él—. Puede darse por satisfecha si me he ido sobre las doce de la noche; y si no lo he hecho, se castigará a sí misma por haberme dejado elegir la hora de mi marcha.

La señora Percival se sonrojó al oír esto y, sin dirigirse a nadie en particular, empezó a soltar un largo monólogo sobre el lamentable comportamiento de los jóvenes de hoy en día, y el enorme cambio que se había producido desde su época. Lo ilustró con muchas anécdotas instructivas sobre el decoro y la modestia que habían caracterizado a la gente que ella conoció en su juventud. Sin embargo, esto no impidió que, al cabo de un rato, el joven saliera al jardín con su sobrina durante casi una hora y sin más compañía.

Habían salido con ese propósito acompañados de Camilla en un momento en que la señora Percival se había ausentado, y no fue hasta que ella volvió al salón que se dio cuenta de dónde estaban. Camilla había caminado un rato con ellos por el sendero que llevaba al cenador, pero se cansó pronto de escuchar una conversación en la que rara vez se la invitaba a participar y que con frecuencia giraba en torno a los libros, lo cual lo hacía aún más difícil. Los dejó solos en el cenador y se fue a otro rincón del jardín a comer fruta y a ver el invernadero de la señora Percival. Su ausencia, que no se lamentó en absoluto, apenas fue percibida por ninguno de los dos, que siguieron charlando sobre casi cualquier cosa —porque Stanley rara vez se detenía mucho tiempo en un tema y tenía algo que decir sobre todo— hasta que los interrumpió la tía.

Para entonces, Kitty ya estaba totalmente convencida de que, tanto en sus cualidades naturales como en sus conocimientos, Edward Stanley era infinitamente superior a su hermana. Su deseo de saber que así era la había llevado a aprovechar cualquier oportunidad para desviar la conversación hacia la historia, y pronto se vieron envueltos en una discusión histórica. La posición de Stanley no podía ser más estratégica, ya que no pertenecía a ningún partido y apenas tenía una opinión sobre el tema. Por lo tanto, podía ponerse de un lado y del otro, y argumentar siempre con gran vehemencia. En su indiferencia sobre esos temas era muy diferente de su acompañante, cuyos juicios, siempre guiados por sus cálidos y apasionados sentimientos, se emitían con facilidad; y, aunque no siempre eran infalibles, los defendía con una fuerza y un entusiasmo que demostraban su convicción.

Llevaban un rato discutiendo de esta manera sobre la personalidad de Ricardo III, que él defendía con ardor, cuando, de pronto, le tomó la mano, y exclamando con gran emoción: «Le doy mi palabra de honor de que está completamente equivocada», se la besó con pasión y salió corriendo del cenador.

Perpleja ante este comportamiento que no podía entender de ninguna manera, Kitty se quedó unos instantes inmóvil en el asiento en el que él la había dejado, y estaba a punto de seguirlo por el estrecho sendero que había tomado, cuando, al mirar hacia el otro sendero, el que estaba justo delante del cenador, vio a su tía caminando hacia ella a un paso más rápido de lo habitual. Esto explicó de inmediato la razón de su partida, pero hizo aún más incomprensible la forma en que se había producido.

Kitty se sintió profundamente confundida por haber sido vista en ese lugar con Edward y porque su tía, a la que le resultaba odiosa cualquier tipo de galantería, hubiera sido testigo de esa conducta que aún no podía entender. Y así, confusa, nerviosa e indecisa, vio con horror cómo su tía se acercaba, sin moverse del cenador. La mirada de la señora Percival no animaba en absoluto a su sobrina, que esperaba en silencio su acusación y meditaba su defensa.

Tras unos momentos de tensión, porque la señora Percival estaba demasiado agotada para hablar de inmediato, comenzó, con una rabia y una dureza enormes, a soltar el siguiente sermón:

—Bueno, esto va más allá de cualquier cosa que hubiera podido imaginar. Por libertina que supiera que eras, no estaba preparada para una escena como esta. Esto va más allá de cualquier cosa que hayas hecho antes, ¡más allá de lo que jamás en mi vida he escuchado! ¡Jamás había presenciado una muestra tal de falta de pudor en una niña! Y esta es la recompensa por todos los esfuerzos que he hecho por tu educación; por todos los problemas y todas las angustias, ¡y Dios sabe cuántos han sido! Lo único que quería era educarte en la virtud. Nunca quise que tocaras el clavicordio o que dibujaras mejor que nadie, pero había esperado que fueras respetable y buena, verte convertida en un ejemplo de modestia y virtud para los jóvenes de los alrededores. Te compré los sermones de Blair y En busca de una esposa de Cœlebs; te di la llave de mi propia biblioteca y pedí prestados muchos libros buenos a mis vecinos, todo con ese fin. Pero me podía haber ahorrado la molestia. ¡Oh, Catharine, eres una criatura entregada al vicio, y no sé qué será de ti! Me alegra, sin embargo, comprobar —continuó, rebajando ligeramente el tono, ahora un poco más suave— que al menos sientes algo de vergüenza por lo que has hecho, y si de verdad lo lamentas, y si haces de tu vida futura una vida de penitencia y de enmienda, quizás puedas ser perdonada. Pero veo con claridad que todo se dirige hacia el caos y que cualquier resto de orden se extinguirá pronto en todo el reino.

—Espero que eso no ocurra tan pronto por mi conducta, señora —dijo Kitty en un tono muy humilde—, porque le doy mi palabra de honor de que no he hecho nada esta tarde que pueda contribuir a erradicar el orden en nuestro reino.

—Estás equivocada, niña —replicó ella—. El bienestar de toda nación depende de la virtud de sus individuos, y todo aquel que ofende de tal forma el decoro y la propiedad, está sin duda acelerando su ruina. Has dado un mal ejemplo al mundo y el mundo está demasiado inclinado a recibir ejemplos de ese tipo.

—Perdóneme, señora —dijo su sobrina—, pero solo he podido darle un ejemplo a usted, porque solo usted ha sido testigo de la ofensa. Sin embargo, le aseguro que no tiene por qué temer por lo que he hecho. El comportamiento del señor Stanley ha sido tan sorprendente para mí como para usted, y solo puedo pensar que es el resultado de su buen humor, autorizado en su propia opinión por nuestro parentesco. Pero, por favor, señora, considere que se está haciendo muy tarde. Realmente, creo que haría bien en volver a la casa.

Como Kitty bien sabía, su tía no podría responder a este discurso. Efectivamente, la señora Percival se levantó de inmediato y, angustiada por la preocupación relativa a su propia salud, se olvidó por el momento de su sobrina, que caminaba tranquilamente a su lado, dándole vueltas en su interior al acontecimiento que había causado tanta alarma en su tía.

—Qué imprudente he sido —dijo la señora Percival—. ¿Cómo se me ocurre sentarme aquí a estas horas? Seguro que volveré a tener reumatismo. Ya siento frío. Debo de haberme resfriado. Estoy segura de que pasaré el invierno en la cama después de esto.

Contando con los dedos, añadió:

—A ver, estamos en julio. El frío llegará enseguida. Agosto, septiembre, octubre, noviembre, diciembre, enero, febrero, marzo, abril... Seguro que no vuelvo a estar bien antes de mayo. Debo ordenar que derriben ese cenador, y eso es lo que haré. Va a acabar conmigo. ¿Quién sabe? A lo mejor nunca me recupero. Cosas así han pasado. La muerte de mi íntima amiga, la señorita Sarah Hutchinson, no fue por otra cosa. Una tarde de abril se quedó fuera hasta tarde y como llovió fuerte y no se cambió de ropa al volver a casa, se resfrió. ¡Realmente no se sabe cuántas personas han muerto por resfriarse! Creo que, salvo la viruela, no hay un trastorno en el mundo que no nazca de ahí.

Fue inútil que Kitty intentara convencerla de que sus temores eran infundados, de que aún no era tan tarde como para resfriarse y de que, incluso si lo era, podría confiar en no coger ninguna otra enfermedad y en recuperarse en menos de diez meses. La señora Percival se limitó a decir que confiaba en saber más cosas sobre la mala salud que una niña que siempre se había encontrado perfectamente, y corrió escaleras arriba, dejando a Kitty para que la excusara ante el señor y la señora Stanley por haberse ido a la cama.

Aunque la señora Percival creía que sus excusas eran perfectamente razonables, Kitty sintió un poco de vergüenza al darse cuenta de que la única que podía ofrecer a sus invitados era que su tía quizás se había resfriado, porque esta le había dicho que restara importancia al asunto para no preocuparlos. No obstante, como el señor y la señora Stanley conocían muy bien la terrible aprensión de su prima al respecto, recibieron la noticia sin demasiada sorpresa y con gestos de educada consideración. Edward y su hermana llegaron enseguida, y Kitty no tuvo demasiadas dificultades en obtener una explicación del comportamiento de Edward, pues este estaba demasiado involucrado y demasiado ansioso por conocer el éxito de su plan como para no preguntar inmediatamente sobre el asunto. La muchacha no pudo evitar sentirse sorprendida y ofendida al mismo tiempo por la indiferencia y la tranquilidad con las que el joven le dijo que su única intención había sido asustar a su tía haciéndole creer que sentía un afecto por ella, un plan por otra parte totalmente incompatible con esa atención especial que ella había estado casi convencida de que él le dedicaba. Es cierto que no lo conocía lo suficiente como para estar enamorada, pero en cualquier caso se sintió muy decepcionada de que ese joven tan guapo, tan elegante y tan alegre fuera tan libre de ese sentimiento como para convertirlo en su pasatiempo principal. Había una novedad en su carácter que a los ojos de ella era sumamente atractiva; Edward era más guapo de lo normal, su alegría y su sentido del humor encajaban muy bien con los de ella, y sus modales eran tan alegres e insinuantes que quizás, pensó Kitty, para él era imposible no ser amable, y se sintió dispuesta a aceptarlo. Por otra parte, él conocía sus propios encantos, tantas veces le habían ayudado a obtener de su padre el perdón de faltas que, de haber sido tosco y torpe, habrían sido consideradas muy graves; a ellos debía, más incluso que a su persona o a su fortuna, el afecto que casi todo el mundo sentía por él, y que las muchachas en particular se inclinaban a prodigarle. Su influencia funcionó también en esta ocasión y fue reconocida por Kitty, cuya rabia se desvaneció por completo y cuyo buen humor, gracias a esa influencia, no solo le fue devuelto sino que incluso aumentó.

La noche transcurrió tan agradablemente como la anterior; ambos continuaron charlando la mayor parte del tiempo, y tal era el poder de sus palabras, y el brillo de sus ojos que, cuando se separaron por la noche, y aunque solo unas horas antes Kitty había renunciado por completo a esa idea, se sintió casi convencida de que Edward estaba realmente enamorado de ella. Reflexionó sobre la conversación que habían tenido y, aunque esta había versado sobre temas diversos e indiferentes y no podía recordar exactamente nada de lo que él había dicho que pudiera ser una expresión de esa atención especial, continuaba convencida de que eso era lo que sentía. Sin embargo, temerosa de ser demasiado vanidosa al suponer algo así sin demasiado fundamento, decidió suspender su decisión definitiva hasta el día siguiente, más exactamente hasta el momento de su partida, en el que creía que su atracción quedaría clara, si es que sentía alguna. Cuanto más lo trataba más se inclinaba a creer que le gustaba y más deseaba que él sintiera lo mismo por ella. Estaba convencida de que poseía una gran inteligencia natural y una personalidad extraordinaria, y también de que la irreflexión y la negligencia de su carácter —que, aunque para ella eran muy atractivos, sabía que otras personas considerarían defectos— eran simplemente el resultado de una vivacidad siempre agradable en los jóvenes, y estaban lejos de ser el reflejo de una inteligencia débil o superficial. Después de reafirmar este pensamiento en su interior, y sintiéndose plenamente convencida de los argumentos de su verdad, se fue a la cama de muy buen humor, decidida a estudiar el carácter de Edward y a analizar aún más su comportamiento al día siguiente.

Kitty se levantó con la misma resolución y seguramente hubiera ejecutado su plan de no ser porque, tan pronto como entró en su habitación, Anne la informó de que el señor Edward Stanley ya se había ido. Al principio, Kitty no podía creer esta noticia, pero cuando su doncella le aseguró que la noche anterior el joven había pedido un coche para las siete de la mañana y que ella en persona lo había visto partir poco después de las ocho, no pudo negarlo más.

«Y este es el afecto del que yo estaba tan segura —pensó para sí, enrojeciendo de rabia ante su propia estupidez—. ¡Oh, qué cosa más tonta es una mujer! ¡Qué vana y qué poco juiciosa! ¡Suponer que en el curso de veinticuatro horas un joven podría desarrollar un afecto serio y verdadero por una niña que no tiene otra cosa que la avale sino un buen par de ojos! ¡Y se ha ido de verdad! ¡Se ha ido sin haberme dedicado quizás un solo pensamiento! ¡Oh! ¿Por qué no estaría levantada a las ocho? Aunque, en el fondo, es un justo castigo a mi pereza y a mi estupidez, y me alegro. Me merezco eso y diez veces más por ser una vanidosa tan insoportable. Al menos me servirá de lección y me enseñará a no creer en el futuro que todo el mundo está enamorado de mí. Y, sin embargo, me hubiera encantado verlo antes de su marcha, porque tal vez pasen años hasta que volvamos a encontrarnos. Aunque su forma de irse indica bastante indiferencia al respecto. ¡Qué extraño que se haya ido sin decir nada y sin despedirse de nadie! ¡Pero así es como actúa un joven que se mueve por el capricho del momento o que disfruta haciendo cosas extravagantes! ¡Qué seres tan inexplicables! ¡Y las mujeres son igual de absurdas! Pronto empezaré a pensar como mi tía, que todo va hacia el caos y que la raza humana se está degenerando».

Kitty acababa de vestirse y estaba a punto de salir de su habitación para preguntar por el estado de la señora Percival, cuando la señorita Stanley llamó a la puerta y, después de obtener permiso para entrar, comenzó en su tono habitual un largo discurso sobre el horrible comportamiento de su padre al obligar a Edward a marcharse y sobre el terrible comportamiento de Edward al hacerlo a aquella hora de la mañana.

FIN